미치지도 죽지도 않았다

미치지도 죽지도 않았다

파란만장, 근대 여성의 삶을 바꾼 공간

김소연 지음

효형출판

프롤로그

　오래전 신여성에 관한 글을 읽다가 눈에 번쩍 들어온 구절이 있다.

　"미치거나 죽거나."

　글쓴이는 신여성의 운명을 그렇게 단칼로 표현했다.

　나혜석, 김원주, 김명순, 윤심덕… 100여 년 전 신여성의 대명사로 통한 그들은 여성의 인격과 개성을 화두로 자유연애와 여성 해방을 주장했다.

　암탉이 울면 집안이 망하고 축첩은 당연하다던 시대였다. 뿌리 깊은 가부장제 사회에 도전한 결과는 참혹했다. 급진적인 만큼 소수였던 그들은 남성 중심의 사회에서 고립되었을 뿐만 아니라 일반 여성들과도 공감대를 이루지 못했다. 훗날 승려가 된 김원주를 제외하면, 편견의 채찍에 맞고 소문의 칼날에 베이며 미치도록 외로웠고 죽도록 좌절했다.

　그리하여 결국 '미치거나 죽거나' 했던 그들.

　그때 나는 의문이 들었다. 다른 신여성은 어땠을까? 이를테면 그들을 자유주의 신여성이라고 할 때 사회주의 신여성 허정숙, 주세죽이나 개신교 민족주의 신여성 김마리아, 김필례는?

의문은 다른 의문으로 이어졌다. 그 시대가 어떤 시대였던가. 나라가 무너지고 전통적인 경제 기반과 신분 질서가 흔들렸던 시대가 아니었던가. 전통과 근대, 제국과 식민지, 동양과 서양이 부딪치고 뒤섞이던 현실이 아니었던가. 혼돈과 혼란의 시대에 이쪽은 신여성, 저쪽은 구여성으로 흑백처럼 선명한 구분이 가능했을까. 예를 들면 자유연애를 즐기던 신여성이 위풍당당한 양반집 마나님으로 정착하거나, 남편에게 북어처럼 두들겨 맞던 구여성이 직업을 얻은 뒤 여성 운동가가 되거나.

그러다가 한참을 잊고 살았다.

시간이 흘러 '건축과 젠더'에 관한 글을 제안받고 나서 불현듯 떠오른 것이 다시금,

"미치거나 죽거나."

마치 빛바랜 사진첩 하나가 불쑥 튀어나온 것 같았다. 홀린 듯, 나는 원래 의도와 달리 옆길로 새고 말았다. 그리고 사진첩 속에서 흐릿해진 무언가를 찾기 시작했다. 이왕이면 대중적으로 덜 알려진 인물, 친일 인명사전에 없는 인물, 그리고 그들에게 인생의 전환점이 되었던 장소를. 하지만 이 조건을 모두 충족하는 경우는 드물었다. 여성에 대한 기록도 부족했고 장소

에 대한 자료도 빈약했다. 그 부족함과 빈약함이 우리 사회에서 여성의 위치와 근대 공간에 대한 관심을 반증하는 것이 아닐까 싶었다.

신여성이든 구여성이든, 신여성 같은 구여성이든, 구여성 같은 신여성이든, 그것도 아니면 구여성과 신여성 사이의 어디쯤이든, 100여 년 전 여성에게 인생 역전의 기회가 된 장소는 크게 세 곳이었다. 학교와 교회 그리고 직장.

정식 학교가 아니더라도 강습소나 야학에서 서당 출입조차 못하던 여성이 다른 사람들과 어울려 글을 배우는 것은 바깥 세계를 향한 문턱을 밟는 것이었다. 서양 도깨비라며 배척을 받은 선교사가 세운 교회도 새로운 삶을 향한 창문이었다. 그곳에서 생전 듣도 보도 못한 다른 세상의 이야기를 들었다. 안성댁이나 개똥어멈처럼 타인을 앞세운 호칭 대신 자신을 호명하는 세례명도 생겼다. 대문 밖 교회 공동체에서 사회적 존재로서 공동생활도 경험했다. 박복한 팔자를 운운하며 손가락질받고 경제적인 궁핍에 시달렸던 청상과부에게 교회는 비빌 언덕이 되었다.

학교나 교회에서 자의식을 일깨우고 근대적인 지식을 배워 한 발짝 더 나아간 곳은 직장이었다. 여성에게 허용된 직업은 뻔했지만, 그 시절 여성이 경제력을 갖는 것은 엄청난 일이었다. 경제적인 기반은 독립적인 삶을 가능하게 하고 사회 활동의 반경도 넓혀주기 때문이다. 그랬기에 당대 여성 운동가들은 이념에 관계없이 공통적으로 여성 교육과 직업의 중요성을 주장했다.

초창기에 학교, 교회, 직장을 다닌 여성은 지체 높은 양반집 여성이 아니었다. 빈민의 딸, 기생, 첩, 청상과부 등 전통 사회에서 소외된 여성이었다. 왜 가장 낮은 곳에서 가장 먼저 움직였을까? 역사의 어느 장면에서나 그렇듯 변화의 전제 조건은 불안정과 결핍이다. 기득권을 가진 존재는 안주하기 마련이다. 변화를 원하고 변화가 필요했던 사람들은 비주류였다. 비주류 중에서도 가장 비주류는 가난하고 못 배운 여성이었다.

이 책에 등장하는 인물도 대부분 그런 여성들이다. 거짓말과 도둑질을 일삼던 꽃님이, 가난한 집안의 딸 박에스더, 여메례, 임형선, 인천 감리의 후처 김란사, 여종 출신 이그레이스, 소박데기 김마르타, 청상과부 이경숙, 차미리사, 조신성, 정종명, 강주룡, 구박데기 강경애, 신여성 최은희, 허정숙, 송계월.

번데기가 나비가 되듯 미운 오리 새끼가 백조가 되듯 그들은 의사, 전도 부인, 여성 운동가, 간호사, 미용사, 교육자, 노동 운동가, 기자, 작가, 항일 무장 투쟁 운동가로 변신했다.

그러나 이 글은 그들의 화려한 성공담이 아니다. 그들의 삶은 성공보다는 실패가 많았다. 앞서가는 여느 여성처럼 소문의 뭇매에 상처를 입고 좌절도 많이 했으며 더러 병으로 요절하기도 했다. 중요한 것은 실패할지언정 뜻대로 살며 자신을 잃지 않았다는 것. 그래서 타인의 눈과 입 때문에 무너져 미치거나 죽지 않았다. 그런 뜻을 세우고 인생의 전환점이 된 장소는 어떤 곳이고, 어떻게 만났으며, 어떻게 자기답게 살아갔을까, 하는 이야기이다.

그들과 동시대를 살았던 중국의 작가이자 사회 운동가인 루쉰은 단편소설 『고향』을 이렇게 끝맺었다.

"희망은 본래 있다고도 할 수 없고 없다고도 할 수 없다. 그것은 마치 땅 위의 길과 같은 것이다. 본래 땅 위에는 길이 없었다. 걸어가는 사람이 많아지면 그것이 곧 길이 되는 것이다."

이 책의 주인공은 길이 되기 전의 땅 위를 걸어갔던 사람들이다. 어느 방향으로 가야 할지, 어떻게 가야 할지, 모든 것이 뿌연 새벽안개 속에 있었지만 그들은 첫발자국을 내디뎠다. 한 사람, 두 사람, 점점 더 많은 사람이 따라 걸어가면서 땅은 길이 되었다. 이제 그들은 잊히고 그 길의 시작점에 있던 장소는 대부분 사라졌다.

길은 멈추면 길이 아니다. 루쉰의 말처럼 걸어가는 사람이 많아져야 길이 된다. 그러려면 계속 걸어가야 한다. 오래전 그들이 걸었던 길뿐만 아니라 우리 시대에 필요한 새로운 길을 끊임없이 만들며 계속 걸어가야 한다. 그래야 길이 다양해지

고 풍성해진다. 그 길을 걷는 우리의 삶도 그렇다. 문득 궁금해
진다. 이 시대의 길을 계속 걷도록 만드는 장소는 어디일까. 모
르긴 몰라도 수많은 촛불이 어둠을 밝히는 광장과 거리는 빠
지지 않으리라.

차례

· 이 책은 고증을 거친 사실을 바탕으로 한 소설 형식이다.
· 이 책에서는 삼인칭 대명사 '그녀'와 '그'를 구분하지 않고 '그'로 통일하였다.
· 조선, 한국, 한성, 경성, 서울, 간호사, 간호부, 간호원 등의 용어는 시대와 문맥에 따라
  사용하였다.

사람대접을 받게 해주고 싶어요

Space #1_ 이화학당
Woman #1_ 메리 스크랜턴

이화학당

미국인 야소교 선교사 스크랜턴은 조선인 박씨와 다음과 같이 계약하고 이 계약을 위반하는 때는 어떠한 벌이든지 어떠한 요구이든지 받기로 함. 나는 당신의 딸 꽃님이를 맡아 기르며 공부시키되 당신의 허락 없이는 서방(西方)은 물론 조선 안에서라도 단 십 리라도 데리고 나가지 않기를 서약함.

1886년 O월 O일 스크랜턴[1]

서약서를 받아든 박씨는 여전히 못 미더운 눈치였다. 뭐라 뭐라 쏜살같이 말을 퍼붓더니 가슴을 퍽 치다가 손바닥을 내보이며 바닥에 눌러대는 시늉을 했다. 메리 스크랜턴(Mary F. Scranton, 이하 스크랜턴)에게 조선어를 가르치며 통역을 하는 외아문(오늘날 외교통상부) 관리가 설명을 했다.

"서약서에 손바닥으로 도장을 찍어달라고 저러는 거요. 글을 모르는 처지에 그 흔한 손도장마저 없으니 당최 못 믿겠다는 거지요."

불과 며칠 전에 스크랜턴을 찾아와 어린 딸을 맡기고 간 사람은 박씨 자신이었다.

"소문을 들으니 여기 오면 여자애를 먹여주고 재워주고 입혀준다면서요. 사는 게 너무 막막하고 캄캄해서요. 딸애라도 제대로 먹을 수 있다면, 그 덕에 입 하나 덜면 다른 식구들도 좋을 테고."

그렇게 박씨는 거지 행색을 한 딸을 남겨두고 황망히 떠났다. 그런데 며칠 뒤 느닷없이 들이닥쳐 딸을 내놓으라며 난리를 피웠다.

"동네 사람들이 날더러 뭐라는지 알아요? 서양 도깨비에게 자식을 맡긴 나는 어미도 아니래요. 양녀가 당장은 옷과 밥을 주고 잘해줄지 몰라도 나중에는 양국으로 데리고 간대요. 심지어는 사람 머리와 팔다리를 동강동강 잘라서 통조림으로 만들고, 계집애 눈을 빼서 약을 짓고, 아이를 푹 고아 물약을 만든다고…."

이웃의 비난에 주눅 들어 겁먹은 박씨는 당장 딸을 데려가겠다며 펄펄 뛰었다. 스크랜턴이 아무리 진정시키려고 해도 막무가내였다. 외아문 관리가 도와 서약서까지 썼지만 그것도 신통치 않았다. 스크랜턴은 박씨가 하자는 대로 서약서에 손바닥 도장을 찍었다. 손에 묻은 먹물을 닦고 박씨에게 바싹 다가가 두 손을 꼭 잡고 두 눈을 들여다보며 서툰 조선말을 했다.

"나는 도깨비가 아니라 사람입니다. 나를 한번 믿어보세요. 나는 꽃님이에게 밥이 아니라 사람대접을 받도록 해주고 싶어요."

순간 박씨는 한 대 얻어맞은 듯 멍하니 눈시울과 콧등이 붉어진 스크랜턴의 얼굴만 쳐다보았다. 그날 박씨는 혼자 집으로 돌아갔다. 가는 내내 눈물이 줄줄 흘러내렸다.

'밥이 아니라 사람대접이라니. 세상에, 내 평생 이런 소리는 처음이다!'

박씨는 걸음을 멈추고 푸우푸우, 가슴 밑바닥에서 올라오는 거친 숨을 토해냈다. 때에 절어 꼬질꼬질한 옷고름으로 코를 팽 풀고, 퍼석한 손바닥으로 젖은 눈을 훔쳤다. 몸을 휙 돌려 꽃님이가 있는 곳을 향하여 중얼거렸다.

'내 딸 꽃님아, 너는 그곳에서 사람이 되어라!'

시작은 미미했다. 1883년 9월, 미국 오하이오주의 작은 마을 라벤나에서 감리교 여성 해외 선교회 지방 모임이 열렸다. 인도와 일본의 선교 이야기로 분위기가 무르익었을 때 한 노부인이 조용히 일어나 말했다.

"여러분, 은둔의 나라 조선에도 선교의 문이 열리도록 기도

해 주세요. 오늘 저는 얼마 안 되는 돈이나마 선교회에 맡기겠습니다. 때가 되면 조선 여성을 위해 써 주세요."

참석자들은 어리둥절했다. 조선이라니, 인도나 중국이 아니고?

1869년, 미국 감리교 여성 해외 선교회는 '여성이 여성에게 복음을 전한다'는 신조로 보스턴에서 창설되었다. 그 무렵 미국 개신교에서는 복음주의 부흥 운동과 해외 선교 사업이 한창이었다. 교회 여성들의 호응은 빠르고 뜨거웠다. 1년 만에 미국 주요 도시의 모든 교회에 지부가 조직되었다. 얼마 후 여성 해외 선교회는 인도, 중국, 멕시코, 일본, 아르헨티나, 라이베리아 등지로 여성 선교사를 파견했다. 그러나 조선은 아니었다.

그들에게 조선은 1866년에 제너럴셔먼호를 불태우고 1871년에 강화도에서 미국의 군함을 물리친 나라였다. 천주교 박해도 지독했다. 완고한 은둔의 나라 조선은 선교보다 순교가 더 어울렸다. 미국 선교회는 조선을 위한 선교는 아직 때가 아니라고 여겼다.

변화는 1882년 조미 수호 통상 조약이 체결되면서 일어났다. 개신교 선교회는 주한 미국 공사관을 통해 조선의 개화파 인사들과 접촉하여 고종의 선교 허가를 얻어냈다. 물론 얼마 전까지 천주교를 박해했던 땅에서 교회를 세우는 식의 직접적

인 선교를 허용할 리 없었다. 간접적인 선교를 할 수 있는 교육
과 의료 사업만 허용하였다. 때를 맞춰 오하이오 라벤나에서
한 노부인의 깜짝 발언으로 감리교 여성 해외 선교회가 조선
여성을 주목하기 시작한 것이다.

1885년 1월 20일, 스크랜턴 가족과 아펜젤러 부부가 뉴욕
에서 기차를 탔다. 스크랜턴은 감리교 여성 해외 선교회가 임
명한 여성 선교사였다. 스크랜턴의 아들인 윌리엄 스크랜턴
(William B. Scranton, 이하 윌리엄)은 감리교에서 파견한 의료 선
교사였다. 윌리엄의 아내와 두 살 된 딸도 함께했다. 헨리 아펜
젤러(Henry G. Appenzeller)는 감리교 교육 선교사로, 결혼한 지
두 달이 채 안 되었다.

두 가족은 미국 동부에서 서부로 대륙 횡단을 하고 샌프란
시스코항에서 아라빅호를 탔다. 태평양을 건너 일본 요코하마
에 도착해 일본 주재 미국 감리교 선교사를 만났다. 이제 남은
일은 최종 목적지인 조선으로 가는 것. 그러나 조선은 그들을
쉽게 허락하지 않았다.

그들이 미국에서 출발하기 한 달 전쯤인 1884년 12월, 조선
에서 급진 개화파가 갑신정변을 일으켰다. 정변은 3일 천하로

끝났고, 조선은 다시 수구 보수파의 세상이 되었다. 정변 주도자들은 축출당해 일본으로 망명하였다. 문제는 망명자가 바로 고종을 설득하여 선교 허가를 받아낸 세력이라는 것. 게다가 조선에서는 보수파가 개화파를 상대로 복수 혈전을 벌이고 있었다. 개척 선교사가 가기에는 너무 위험한 상황이었다.

두 가족이 요코하마에 발이 묶인 채 한 달이 지나갔다. 더 이상은 안 되겠다 싶어 단출한 아펜젤러 부부가 먼저 조선에 가보기로 했다. 요코하마에서 배를 타고 고베를 거쳐 나가사키에 도착하여 배를 갈아타고 부산으로 갔다가 다시 남해안과 서해안을 지나 제물포항에 도착했다. 부산에서 탄 배에는 미국 장로교가 파견한 선교사 호러스 언더우드(Horace G. Underwood)도 있었다. 제물포항에서 확인한 조선의 상황은 좋지 않았다. 청국과 일본의 전운마저 감돌았다. 미국 공사는 이럴 때 외국인 여성은 더 위험하다며 아펜젤러 부부의 입국을 만류했다. 결국 아펜젤러 부부는 일본으로 돌아갔고, 독신 청년이었던 언더우드만 한성으로 갔다.

다시 한 달이 흘렀다. 이번에는 윌리엄 혼자 조선으로 갔다. 다행히 그동안 정세는 나아져 있었다. 무사히 한성에 들어간 윌리엄은 정동 33번지 일대에 미국 감리교 선교 부지를 구했다. 그제야 일본에 남아 있던 그의 가족과 아펜젤러 부부가 조선에 들어올 수 있었다. 1885년 1월, 푸른 눈의 두 가족이 뉴욕에서 출발하여 샌프란시스코, 요코하마, 고베, 나가사키, 부산, 제물포를 거쳐 정동 일대에 도착한 것은 6월. 어느덧 계절은 봄을 훌쩍 뛰어넘고 여름으로 접어들었다.

'온통 버섯 천지구나.'

스크랜턴의 눈에 비친 도성은 거대한 버섯 단지였다. 간혹 기와집이 보였지만, 흙벽 위에 둥글납작한 초가지붕을 올린 모습은 영락없이 버섯 모양이었다. 초가집이든 기와집이든 나지막한 단층집이 산과 언덕과 좁고 구불구불한 골목에 옹기종기 앉아 있었다. 멀리서 바라보는 풍경은 평화로웠다.

그러나 풍경 속으로 들어가면 달랐다. 자연의 일부인 듯한 초가집은 벼룩과 이로 득실거렸다. 집 앞의 수채 도랑에서는 악취로 인해 숨을 쉴 수가 없었다. 초가집 출입구는 어찌나 낮고 좁은지 키가 큰 서양인은 허리를 반쯤 접어야 들어갈 수 있었다. 창문은 아예 없거나 설령 있어도 손바닥만 했다. 흰 종이까지 발라져 있어서 환기와 채광이 나빴다. 전염병이라도 돌면 줄초상 나기 딱 좋은 환경이었다. 근대의 위생 관념을 신봉하던 서양 선교사들은 비위생적이고 불편한 조선의 거주 환경을 견딜 수 없었다.

그런 점에서 스크랜턴은 아들 윌리엄이 구입한 선교 부지가 마음에 들었다. 서대문 성벽 아래 정동 언덕은 통풍과 배수가 잘되어 위생적이었다. 언덕 위에 새 건물을 지으면 남들 눈에도 잘 띄어 정동의 랜드마크가 될 터였다. 외국인이 많이 살고 미국 공사관도 인접한 위치라서 안전한 편이었다. 가까운 곳에 조선인이 사는 마을도 있으니 선교 활동에도 유리했다.

대지는 앞으로 증축할 공간이 넉넉할 정도로 넓었다. 100칸 정도의 기와집은 개조해 사용하면 좋을 듯싶었다. 가장 큰 장점은 대지의 확장성이었다. 성벽 아래 스크랜턴과 아펜젤러의 사택을 중심으로 동쪽과 남쪽, 북쪽의 토지가 매물로 나오면 감리교 선교 부지를 충분히 확장할 수 있었다. 마침 정동 일대의 집과 토지가 싸게 거래되고 있었다. 스크랜턴은 선교 터의 위치, 지형, 규모, 장래성, 경제성 모두 만족스러웠다. 앞으로 훨씬 넓어질 선교 터와 감리교 공동체 속에서 빛날 여학교를 상상하였다.

선교사들은 사택에서 선교 사업을 시작했다. 의료 선교사 윌리엄은 환자를 진료하고, 교육 선교사 아펜젤러는 영어를 배우겠다고 찾아온 두 청년을 가르쳤다. 스크랜턴도 여성을 모아 가르치려고 했다. 그러나 남성 환자와 남학생은 갈수록 늘어나는데, 여성은 그림자조차 어른거리지 않았다.

스크랜턴의 예상대로라면 상류층 여성부터 찾아와야 했다.

상류층 여성이 먼저 배우면 물이 위에서 아래로 흐르듯 다른 계층의 여성에게도 전파될 줄 알았다. 그런데 상류층 여성은 도통 집 밖으로 나오질 않고, 가난한 집 여자아이는 남의 집에 종이나 기생으로 팔려갔다. 기회를 따지기 전에 배울 이유와 필요조차 없는 사회 구조였다.

'여성이 여성에게 복음을 전한다.'

스크랜턴은 여성 해외 선교회의 신조를 생각하며 직접 여학생을 찾아 나섰다. 그때까지 서양인을 본 적이 없는 조선인은 마치 도깨비라도 본 듯 넋을 잃을 지경이었다. 부녀자가 있는 집으로 가면 다들 창문을 닫고 숨어 버렸다. 아이들은 아이들대로 소리를 지르고 울부짖으며 달아나기 바빴다. 남자들은 영어가 출셋길이라며 스스로 찾아오는데, 여자들은 한사코 거부했다.

스크랜턴은 감리교 해외 선교부 기관지 «Gospel in All Lands»에 실렸던 글이 생각났다. 조선 여성은 이름이 없다고 했다. 어릴 때는 별명을 부르거나 아무개 누이, 아무개 딸로 부르고, 결혼하면 친정집 마을 이름으로 부르다가 아이를 낳으면 아무개 어미로 부른다고 했다.

'한평생 자신의 이름 없이 산다는 것, 누군가를 전제로 존재한다는 것. 그것이 무슨 의미일까? 여성이 사회적으로 존재 가치를 인정받지 못한다는 것이 아닌가. 조선의 여성이 그런 존

재라면 더더욱 절실한 것이 여성 스스로, 여성이 여성에게 배
우고 가르치는 교육이다. 그러니 먼저 독립적인 여학교부터
세워야겠다!'

스크랜턴의 마음은 급해졌다.

'기뻐하십시오! 기뻐하십시오! 드디어 여성 해외 선교회가 조
선에 선교 부지를 마련했습니다. 1885년 10월 26일, 이 역사적
인 날을 기억하시기 바랍니다. 정말 기적처럼 그 땅은….'[2]

여성 해외 선교회 본부로 편지를 쓰는 스크랜턴은 계약한
지 사흘이 지났는데도 감격과 흥분이 가시지 않았다. 그토록
욕심내다 구입한 땅은 정동 32번지 일대. 윌리엄이 마련한 감
리교 선교 부지 바로 북쪽 위 언덕이었다. 매물로 나온 것도,
경쟁자가 많은데도 자신이 구입한 것도 기적 같았다. 언덕 경
사가 주변보다 제법 높아서 여학교가 들어서면 한 눈에 들어
올 만한 위치였다. 번듯한 여학교가 세워지면 호기심에서라도
사람들이 한번쯤 찾아올 것 같았다.

대지 면적 6천여 평에 초가집이 19채 있었다. 땅 주인이 다
달라서 계약서가 21통이나 되었다. 윌리엄이 구입한 감리교

선교 부지와 스크랜턴이 사들인 여성 해외 선교회 선교 부지를 합하면 1만여 평이나 되었다. 장차 윌리엄의 병원, 아펜젤러의 남학교, 스크랜턴의 여학교와 여성 병원이 들어설 터전이었다.

하얀 배꽃이 함박눈처럼 피고 졌다. 1886년 5월 말, 정동 언덕의 풍경은 조금씩 변해갔다. 가파른 경사지는 높다란 축대로 정돈되었다. 축대 아랫단은 막돌로 허튼층쌓기를 하고 윗단은 흙을 덮어 두었다. 공사가 다 끝나면 그곳에 초목을 심을 예정이었다. 가운데는 장대석으로 바른층쌓기를 하여 계단을 만들었다. 축대 위 건물이 앉을 자리는 반듯하게 다듬어 기단을 쌓았다. 기단 위로 수많은 목재 기둥과 보와 도리가 씨줄과 날줄처럼 건물의 뼈대를 만들고 있었다.

건물의 윤곽이 드러날수록 스크랜턴의 마음은 오르락내리락 시소를 탔다. 새 건물에 가득 울려 퍼질 여학생들의 웃음소리를 상상하면 마음의 시소는 하늘 높은 줄 모르고 올라갔다. 여학생 한 명 없이 텅 빈 공간이 떠오르면 시소는 땅 밑으로 꺼졌다. 오락가락하는 마음을 누군가 알아차린 듯 한 여성이 스크랜턴을 찾아왔다. 사인교를 타고 온 여성은 쪽진 머리에 노리개를 주렁주렁 달고 있었다.

'딸을 입학시키려고 왔나?'

스크랜턴의 생각을 눈치라도 챘는지 여성은 말했다.

"공부할 사람은 바로 나요. 나는 영어를 배워 왕비의 통역관이 되고 싶소."

근 1년을 기다려온 첫 번째 학생은 어느 관리의 첩이었다. 첩이라니, 일부일처제를 법으로 알고 살아온 개신교 여선교사는 상상해 본 적도 없었다. 스크랜턴만 해도 나이 마흔에 남편과 사별하고 홀로 외아들을 의사로 키웠다. 아들이 의사가 되어 개업의가 된 후에는 더 높은 뜻을 위하여 함께 조선으로 왔다. 더 높은 뜻이란 지상의 출세가 아니라 구원을 향한 복음 전파였다. 여학교를 세운 궁극적인 목적도 그런 것이었다.

그런데 첩이 와서 영어를 배워 왕비의 통역관이 되겠다니. 처음부터 너무 세속적이지 않은가. 하지만 여태껏 누구 한 명 찾아온 적이 없으니 이것저것 가릴 처지도 아니었다. 그러니 이를 어쩐다? 복음은 사람을 가리지 않고, 사람을 판단하는 것은 인간의 몫이 아니지 않은가. 스크랜턴은 김씨 부인을 기꺼이 받아들였다. 그렇게 단 한 명의 학생을 데리고 최초의 수업을 했던 5월 31일은 훗날 그 여학교의 개교기념일이 되었다.

한 달 후에 들어온 두 번째 학생도 쉽지 않았다. 스크랜턴이 서약서까지 써주면서 붙잡은 꽃님이었다. 열 살쯤 된 꽃님이는 시도 때도 없이 거짓말을 하고 마음에 드는 것은 무엇이든 훔쳤다. 참다못해 조선어 교사와 김씨 부인이 꽃님이를 내보내라고 했지만, 스크랜턴은 꽃님이를 끼고 살았다.

얼마 후 세 번째 학생도 들어왔다. 여름 무더위와 긴 장마 속에서 콜레라가 맹렬하게 퍼질 때였다. 윌리엄이 서대문 성벽 아래에서 다 죽어가는 여성과 버려진 여자아이를 발견했다. 윌리엄은 모녀를 사택으로 데려와 치료했다. 모녀가 회복하자 아이 어머니는 사택에서 일하고 아이는 스크랜턴이 맡았다. 네 살쯤 된 별단이는 최연소 학생이 되었다. 1886년, 정동에 세워진 최초의 여학교 학생은 첩과 가난하고 버림받은 여자아이였다.

1886년 11월, 드디어 정동 언덕에 여학교가 완공되었다. 동향으로 앉은 여학교는 높은 축대 위에 대지의 경사를 따라 3단으로 배치되었다. 정면 80피트(24.4미터), 측면 88피트(26.8미터), 200여 칸으로 지은 학교는 상당히 큰 규모였다. 가운데에 중정을 둔 ㅁ자형 기와집에 교실, 교무실, 선교사 숙소와 학생 35명이 생활하는 기숙사가 있었다.[3]

언뜻 보면 전통 한옥이지만 엄밀히 말하면 한식과 양식을 결합한 '한양절충식'이었다. 한양절충식은 서양인이 조선에 정착하는 과정에서 전통 한옥의 비위생적이고 불편한 부분을 서양식으로 바꾸는 방식이었다. 예를 들면 전통 한옥에서 너무 낮은 천장과 너무 높은 문턱 때문에 키 큰 서양인이 허리를 구부리고 다녀야 하면 아예 문턱을 확 낮추었다. 실내에 드나들 때마다 섬돌에서 신발을 신고 벗기가 불편하면 실내에 양탄자를 깔아 신발을 신고 다녔다.

한지를 바른 창문 때문에 바깥을 볼 수 없어 답답하면 한지 대신 유리를 끼웠다. 좌식 가구가 불편하면 침대, 식탁, 책상, 옷장, 요람 등 서양 가구를 들여와 입식 생활을 했다. 절절 끓는 아랫목과 냉기가 흐르는 윗목, 울퉁불퉁한 구들이 있는 온돌이 아닌 서양식 벽난로를 만들었다. 한옥의 방이 좁다 싶으면 이웃한 방의 벽을 터서 넓게 사용했다. 학교처럼 넓은 내부 공간과 높은 층고를 만들 때는 전통 한옥의 흙벽 대신 구조적으로 더 안전한 벽돌을 쌓았다. 마당은 서양식 정원으로 꾸몄다. 실용주의에 익숙한 서양인의 눈에 텅 빈 마당은 기능을 상실한 공간에 불과했다. 놀이, 노동, 잔치 등 다양한 활동이 일어나도록 비워둔 마당에 잔디와 꽃과 나무를 채워 넣었다. 안마당에는 테니스장을 만들고 행랑채는 서양식 사무실로 개조하였다.

스크랜턴이 정동 여학교를 지을 때는 한양절충식이 이미 대

세웠다. 정동 여학교의 축대는 전통식으로 쌓았지만, 축대 계단과 건물 입구에는 서양식으로 목조 트러스 난간을 설치했다. 굴뚝, 기단, 벽체 일부는 흙벽 대신 벽돌로 만들었다. 일부 창문은 채광과 조망을 위해 한지가 아닌 유리를 끼웠다. 마당에는 잔디를 입혔고 자갈투성이 좁은 길과 도랑은 정비한 후 서양 정원처럼 꽃나무를 심었다.

여기에는 다 그만한 이유가 있었다. 서양식 목조 트러스 난간은 네 살에서 열 살 정도의 어린 여학생들을 위한 안전장치였다. 벽돌은 구조적인 안정성이 필요한 굴뚝과 넓고 높은 공간에 사용했다. 불투명한 창호지 대신 투명한 유리를 사용한 것은 밝고 위생적인 환경을 위해서였다. 춥고 일사량이 적은 겨울철에 투명한 유리 창호라도 있으면 실내는 어둡지 않고 덜 답답했다. 유리창 너머로 변하는 바깥 풍경은 어린 아이에게 상상과 호기심의 원천이 되었다. 스크랜턴만 해도 기와집을 개조한 사택에서 살 때 미국 대리 공사가 선물한 사진 유리판 석 장을 창틀에 끼워 하늘을 내다보았다.

정동 여학교 옛 그림에는 기와지붕과 어울리지 않게 우뚝 솟은 굴뚝이 있었다. 재래식 온돌 구조를 그대로 사용하지 않고 서양식 난방 장치를 도입했기 때문이다. 산타클로스가 이용할 만한 굴뚝은 아니더라도 전통 한옥에서 볼 수 없는 모양이었다. 어린 학생들이 기숙하는 공간에 재래식 온돌방의 아랫목과 윗목의 온도 차이, 웃풍의 찬 기운을 개선하기 위해서였다. 스크랜턴은 한양절충식으로 전통 한옥의 굵직한 특징들을 보전한 채 안전과 위생 위주로 서양식을 도입했다. 그렇게 지은 정동 여학교는 한성에서 가장 전망 좋은 기와집으로 소문이 났다.

하지만 기대했던 변화는 없었다. 새로 지은 여학교에 정작 학생은 고작 4명뿐. 여학생 구하기는 여전히 하늘의 별 따기였다. 스크랜턴은 다시 거리로 나섰다. 버려진 고아를 찾아다니고 딸을 팔아넘기려는 부모에게 돈을 주고 여자아이를 데려왔지만 막상 학교에 제대로 남아 있지도 않았다. 아이들은 각양각색이었고 부모의 무관심도 이해하기 힘들었다.

돌파구가 필요했다. 어떻게 하면 서양인에 대한 의심과 편견을 덜어내고 안정적으로 여학생을 모집할 수 있을까? 만일 조선 정부가 여학교를 인정하고, 그 사실을 사람들이 알게 된다면? 구체적인 방안은 그동안 통역을 맡아오던 외아문 관리가 내놓았다.

스크랜턴은 외아문 대신과 관리들을 초청하여 만찬을 열었다. 환등기를 돌려 미국과 유럽의 풍경과 성경 장면을 소개했다. 어린 여학생들은 그동안 배운 것들을 선보였다. 고위 관리들은 입에 침이 마르도록 칭찬을 했다. 그때 스크랜턴이 슬쩍 자신의 고충을 털어놓았다. 만찬의 효과는 얼마 후에 나타났다.

　1887년 3월, 고종은 여학교 이름을 하사했다. 이화학당(梨花學堂). 온통 배밭인 정동 일대에서 배꽃처럼 희고 고운 여학생을 길러내라는 뜻에서 그 이름을 붙였다고 했다. 관리를 호위하는 기수도 보내 여학교와 스크랜턴을 보호했다.

　드디어 반전이 일어나기 시작했다. 학교 입구에 붙은 이화학당 현판은 조선 시대 사액 서원의 위력을 발휘하는 듯했다. 스크랜턴이 기수의 호위를 받은 후 사람들의 입에서 서양 도깨비라는 말도 쑥 들어갔다. 사람들은 여선교사가 세운 여학교를 국가가 공인한 교육 기관으로 보기 시작했다. 그해 가을, 이화학당의 학생 수가 12명이 되었다.

　학생이 늘어나면서 학교의 틀도 갖춰졌다. 스크랜턴 혼자 몇 안 되는 아이들을 데리고 있을 때는 가정집이나 다름없었다. 함께 먹고 자고 노는 생활이었다. 스크랜턴이 서툰 조선어로 아이들과 소꿉장난을 하고 영어로 주기도문과 찬송가를 가르치는 정도였다. 입학생이 많아지자 여성 해외 선교회 본부는 여성 교육 선교사를 파견하였다. 놀이와 공부의 구분이 생기고 규칙과 규율이 만들어졌다.

　그러나 뜻이 높은 곳에 쉽고 편한 길은 없다. 이화학당이 안정적으로 운영될 무렵 영아 소동 사건이 터졌다. 서양 선교사가 아이를 삶아 먹는다는 둥, 눈알을 빼서 사진기 렌즈로 쓴다는 둥, 미국에 노예로 팔아넘긴다는 둥 선교사에 대한 흉흉한 소문이 줄줄이 이어졌다. 소문만 놓고 보면 선교사들도 이미 들어 익숙한 이야기였다.

그런데 상황이 이상하게 돌아갔다. 도무지 소문으로 끝날 것 같지 않았다. 조선 정부는 외국인의 모든 종교 활동을 금지하는 칙령을 반포했고, 백성들이 세례를 받지 못하도록 했다. 지방 몇 곳에서 어린이 실종 사건이 발생하자 수구파는 선교사 배척 운동을 벌였다.

헛소문은 소문으로 끝나지 않고 폭발적인 진실로 둔갑하여 대중을 자극했다. 흥분한 군중은 선교사가 운영하는 학교와 병원을 습격하였다. 선교사가 고용한 조선인마저 공격을 받았다. 이화학당도 두 차례 습격을 받아 고용인이 다쳤다. 사태가 긴박해지자 스크랜턴은 임시 방학을 하고 학생을 집으로 돌려보냈다. 서양인에 대한 인심이 돌아선 마당에 학교를 떠난 학생이 돌아올 가능성은 적어 보였다.

외국인의 신변마저 위험한 상황으로 치닫자 미국 해병대가 제물포에 도착했다. 미국, 영국, 프랑스, 러시아, 독일 등 공사관들도 조선 정부에 항의를 했다. 그제야 조선 정부는 공식적으로 선교사 보호에 나서 백성을 자중시켰다. 1888년 5월, 유혈 사태까지 동반한 영아 소동 사건은 6주가 지나서야 잠잠해졌지만 후유증은 계속되었다. 이화학당도 문을 닫았다가 9월에 다시 열었다. 스크랜턴의 우려대로 돌아오지 않은 학생도 있었다. 조혼 풍습 때문에 부모에게 잡혀 못 온 학생도 있었고, 서양인이 세운 학교는 못 믿겠다며 딸을 보내지 않은 부모도 있었다.

그러나 비 온 뒤에 땅이 굳어진다고 했다. 시간이 흐르면서 선교사에 대한 오해가 사그라지고 더 큰 신뢰가 쌓였다. 이화학당을 찾아오는 학생은 입학 대기자가 생길 정도로 많아졌다. 여교사도 계속 충원되었다. 하루 일과는 기와집 마루 끝에 매달린 종소리에 맞춰 규칙적으로 진행되었다. 학생들은 영어, 산수, 생리학, 일반 역사, 성경, 한문, 초등 지리, 한글, 노래, 체조, 재봉, 자수 등을 배웠다.

그러나 아직 정해진 학제나 학년 구분은 없었다. 입학 연령도 제한이 없었고, 기숙사에 빈자리만 있으면 아무 때나 들어올 수 있었다. 재학생 나이는 보통 여덟 살부터 열일곱 살까지였다. 대개 열 살 전후에 입학해 공부하다가 결혼을 하면 그것으로 졸업을 한 셈이었다. 전통 사회의 관습은 여전했지만 이화학당의 풍경은 조금씩 바뀌어갔다.

'이제 내 인생의 한 시절이 지나가는구나!'

스크랜턴은 새로 지은 메인홀을 올려다보았다. 3년 전 한양 절충식 이화학당을 허물고 그 자리에 붉은 벽돌로 서양식 2층 건물을 신축했다. 설계도와 건축 자재는 미국에서 가져왔고, 시공은 조선인 도편수 심의석이 맡았다.

메인홀이 완공된 1900년에는 명동성당 외에 서양식 건물이 드물었다. 더욱 드물게도 메인홀은 전기 가설까지 했다. 이화학당 학생들은 전깃불, 수도, 목욕탕 등 최신 설비를 갖춘 시설에서 남들보다 먼저 서양 문물을 경험했다. 그래서 어떤 선교사는 메인홀 자체가 대단히 교육적인 의미가 있다고 평가했다.

스크랜턴의 감회는 좀 더 복잡했다. 35명을 목표로 지었던 한옥 교사를 허물고 새로 지은 메인홀은 120명을 수용할 수 있었다. 이미 10년 전에 이화학당 운영을 다른 선교사에게 물려주고 자신은 전도 사업을 하고 있었다. 그만큼 성과도 쌓였고 함께 일할 사람도 많아졌으니 메인홀은 엄연히 보람과 성공의 증거였다. 그런데도 가끔 헐린 한옥 교사가 그리웠다. 50대의 나이에 조선에 와서 이제 일흔 살을 눈앞에 둔 스크랜턴은 한옥 교사에서 보낸 세월이 그리웠고, 그곳에서 만난 사람들이 그리웠다.

'김씨 부인은 지금쯤 어디서 무엇을 하고 있을까.'

왕비의 통역이 되겠다던 이화학당 최초의 학생 김씨 부인은 공부를 시작한 지 석 달 만에 그만두었다. 김씨 부인이 마뜩찮

아 했던 꽃님이는 계속 이화학당에서 지내며 통역 일을 돕다가 전도사와 결혼해 목회 일을 하고 있었다.

이화학당에는 김씨 부인처럼 기혼녀가 더 있었다. 인천 감리 하상기와 혼인한 김란사였다. 김란사가 입학할 무렵은 이화학당이 기혼녀를 받지 않을 때였다. 김란사는 수차례 입학을 원했지만 매번 거절을 당했다. 어느 날 밤 김란사는 이화학당 당장(堂長)을 찾아와 손에 들고 있던 등불을 끄고 말했다.

"조선 여성의 삶은 이 꺼진 등불과 같이 캄캄하오. 이런 우리에게 밝은 학문의 빛을 비춰줄 수 없겠소?"

이화학당 당장은 김란사의 열의에 두 손을 들고 말았다.

'영어를 배워 왕비의 통역이 되겠다는 김씨 부인과는 차원이 달랐지.'

스크랜턴의 입가에 잔잔한 미소가 번졌다. '란사(蘭史)'는 이화학당에 입학하고 나서 받은 세례명 '낸시'를 음역한 이름이었다.

'란사에게 조선 이름이 있었던가?'

스크랜턴은 결혼 전 란사의 성이 김씨였고 남편이 하씨 성을 가졌다는 것만 기억났다. 이화학당에 와서 세례명을 받고 미국 선교사처럼 남편의 성을 붙인 이름이 하란사였다. 김란사는 신교육에 대한 열망이 대단했고, 신교육으로 자신의 삶을 바꾸려는 의지는 더 대단했다.

'가슴 속에 그 불덩어리를 안고 어떻게 이름도 없이 살았을
까. 인천 감리의 아내로 편히 살 수 있는데도 기를 쓰고 이화학
당에 들어오려고 했었지. 부모와 남편이 여성의 운명을 결정
하는 조선에서 란사는 자신의 운명을 스스로 개척했던 거야.'

메리 스크랜턴은 고개를 들어 먼 하늘을 응시했다.

김란사는 이화학당 교육만으로 성에 차지 않았다. 남편을
설득해 자비로 혼자 일본에 가서 조선 여성으로는 처음으로
일본 유학생이 되었다. 그 다음에는 미국까지 가서 오하이오
주 웨슬리안대학에서 신학을 공부했다. 어찌 보면 김란사보다
남편 하상기가 더 대단했다. 선교사 눈에는 조선에서 여성은
남편의 노예나 다름없었다. 그런데 김란사의 남편은 자식까지
둔 아내를 자비로 해외 유학까지 보냈으니 그야말로 해가 서
쪽에서 뜰 일이었다. 이제 몇 년 후면 김란사는 미국 대학에서
학사 학위를 받은 최초의 조선 여성이 될 것이었다. 스크랜턴
은 학업을 마치고 돌아올 김란사에 대한 기대가 컸다. 김란사
야말로 꺼진 등불처럼 캄캄한 조선 여성의 삶을 밝혀줄 등불
이 될 테니까.

메인홀에서 피어오른 상념은 두 명의 양녀에게로 이어졌다.
1872년생 여메례는 열두 살 때 부모가 버리다시피 스크랜턴
에게 맡긴 아이였다. '메례(袂禮)'는 이화학당에 들어와 받은 세
례명 '메리'의 한자 음역이었다. 이화학당에서 성장한 여메례

는 나중에 스크랜턴 모자가 설립한 여성 병원에서 통역, 간호사, 전도 부인의 역할을 다했다. 윌리엄의 비서와 결혼한 후에는 남편의 성을 따라 황메례가 되었지만, 그 이름을 사용한 기간은 너무 짧았다. 결혼식 후 여메례의 남편은 미국 유학을 떠났는데, 얼마 못 가 그곳에서 병사했다. 여메례는 신혼 3개월 만에 청상과부가 되었지만 무너지지 않았다. 정동교회에서 조선 기독교 최초의 여성 단체인 조이스회를 성공적으로 이끌었다. 처음으로 조선 여성이 중심이 된 교회여성 단체 보호여회도 결성하였다. 스크랜턴은 여메례가 교회에서 여성 지도자로 성장해가는 모습이 뿌듯했다.

또 다른 양녀 이경숙은 이화학당의 학생이 아니라 교사였다. 이화학당에서 조선 최초의 여교사가 되기까지 이경숙의 삶은 고단하기 짝이 없었다. 1851년 충청도의 양반 집안에서 태어난 덕에 한글과 기초 한문 교육을 받을 수 있었다. 여느 양반가의 딸처럼 조혼했지만 열여덟 살에 청상과부가 되어 친정으로 돌아왔다. 원래 가난했던 집안에 아버지마저 세상을 떠나자 더 이상 친정에 머물 수가 없었다. 한성으로 올라와 친척집에서 바느질을 하며 더부살이를 했는데, 그곳이 스크랜턴에게 조선어를 가르치던 사람의 집이었다. 1890년에 스크랜턴을 만난 마흔 살 청상과부는 독실한 기독교 신자가 되어 새 삶을 살았다. '드루실라'가 된 이경숙은 바느질 대신 이화학당에서 한글

과 한자를 가르쳤다. 이화학당을 홍보하는 일도 했고 스크랜턴
의 전도 활동도 도왔다. 수원, 여주, 이천 등지에서 순회 전도를
하는 스크랜튼 곁에는 항상 이경숙이 있었다.

'조선 속담에 호랑이도 제 말 하면 온다더니….'

스크랜턴의 메마른 눈가가 부드럽게 풀렸다. 언덕 아래에서
이경숙이 헐레벌떡 뛰어오고 있었다. 한 손을 번쩍 들고 활짝
웃는 얼굴을 보니 어지간히 좋은 소식이 있는 모양이었다. 이
경숙은 급한 마음에 두 손으로 나팔을 만들어 고함을 질렀다.

"에스더가 드디어 졸업을 했답니다. 이제 조선으로 돌아온
답니다!"

그 순간 언제나 꾹 다물고 있는 스크랜턴의 얇은 입술에서
신을 찾는 감탄사가 흘러나왔다. 치마 앞단을 사뿐히 들고 이
경숙을 향해 내려가다 문득 메인홀을 돌아보았다. 우뚝 서 있
던 메인홀은 온데간데없고, 배꽃이 흐드러지게 핀 언덕 위에
한성에서 가장 전망 좋다던 기와집이 있었다. 팔작지붕은 하
늘을 날아오를 듯 날렵하고 창살문의 투명 유리는 햇빛을 받
아 눈부셨다. 높다란 축대 위 한옥 교사 정면의 줄 지어 선 낭
하 기둥 사이에 여자아이가 서 있었다. 유난히 자존심이 강하
고 고집이 셌던 아이였다. 작은 손을 흔들며 배시시 웃고 있는
그 아이는 이화학당의 네 번째 학생 김점동이었다.

여성이 여성에게 의술을 전한다

Space #2_ 보구여관
Woman #2_ 로제타 셔우드 홀 & 박에스더

정동 사람 김홍택은 아펜젤러 사택에서 잡무를 보던 사람이었다. 그렇다고 처음부터 기독교 신자였거나 신학문을 배운 것은 아니었다. 그저 아펜젤러 사택 가까이 살았고, 요행히도 김홍택은 일할 곳을, 아펜젤러는 일할 사람을 찾고 있었다. 그렇게 아펜젤러와 인연을 맺게 되면서 자연스럽게 기독교를 받아들였다.

김홍택은 딸만 넷을 두었다. 넷째 아이마저 딸로 태어나자 관습대로 당연한 듯 양자를 들였다. 양자가 생기자 가난한 집안은 더욱 쪼그라들었다. 그 무렵 스크랜턴은 정동 언덕 위에 여학교를 짓고 있었다. 신식 여학교에 입학하면 무료로 먹여주고 입혀주고 재워주고 공부까지 시켜준다고 했다. 한 입이라도 덜어야 하는 김홍택은 네 딸의 나이를 헤아려보았다. 첫째는 강원도로 시집을 갔고, 둘째는 열네 살이니 시집갈 나이가 되었고, 셋째는 열 살, 넷째는 갓난아기였다.

1886년 11월, 김홍택은 셋째 딸을 데리고 막 완공된 여학교

로 올라갔다. 200여 칸 기와집 지붕 위로 삐죽 솟은 굴뚝에서
흰 연기가 뭉글뭉글 피어올랐다. 바깥은 살을 에도록 추운데
안은 후끈했다. 난로 옆에 학처럼 목이 긴 스크랜턴이 앉아 있
었다. 정수리에 머리를 똬리로 틀어 얹고 허리를 꼿꼿하게 세
운 모습이 강파른 인상이었다. 뻣뻣한 자세로 난로를 노려보
고 있는 셋째에게 스크랜턴이 손으로 오라고 했다.

'서양 도깨비가 저 불 속으로 나를 집어넣으려는구나!'

난생 처음 난로를 본 셋째는 기겁을 하며 김홍택의 등 뒤로
숨었다.

"아가, 네 이름이 뭐지?"

스크랜턴의 얇은 입술에서 조선말이 고드름처럼 뚝뚝 떨어
졌다.

"애야, 뭐하니, 시란돈(施蘭敦, 스크랜턴의 한자식 표기) 대부인
이 묻는 말에 대답해야지."

김홍택은 손을 뒤로 움직여 셋째를 옆으로 세우며 말했다.
셋째는 방금 전 언덕을 올라오면서 김홍택이 했던 말을 생각
했다.

"너는 이제부터 여기서 살아야 한다. 먹을 게 있으니 집보다
나을 게다."

셋째는 스크랜턴과 난로를 번갈아 보았다.

'밥이 있고 따뜻하다면 저 서양 도깨비도 나를 잡아먹을 것

같지는 않고, 게다가 공부도 할 수 있다고 했으니까.'

그리고는 자신이 떠나온 집을 떠올렸다.

'어둡고 비좁고 어수선하고 궁핍한 집에서 내가 무엇을 할 수 있을까?'

셋째는 어색함과 긴장으로 바짝바짝 타는 입술을 한 번 핥은 후 스크랜턴의 얼굴을 쳐다보았다. 스크랜턴은 부드러운 미소를 지으며 고개를 끄덕였다. 셋째는 어깨를 잔뜩 올려 심호흡을 한 후 대단한 결심이라도 한 듯 또박또박 말했다.

"내 이름은 김, 점, 동."

1885년 9월, 윌리엄은 정동 사택에 진료소를 마련했다. 대문 한 쪽에는 한문으로 '미국인 의사 병원', 다른 한 쪽에는 한글로 '남녀노소 불문하고 어떤 병에 걸렸든지 매일 열시에 빈 병을 가지고 미국 의사를 만나시오'라고 써서 붙여 놓았다. 빈 병은 환자에게 약물을 나눠주기 위해서였다. 정동의 미국인 의사 병원은 점점 더 많은 환자로 북적거렸다. 무료 병원으로 소문이 나면서 사람들이 온갖 병을 달고 몰려왔다. 사택에서 간단한 처치를 하고 약을 주는 것만으로는 한계가 많았다.[4]

1886년 봄, 윌리엄은 이웃한 부지를 매입하고 기와집을 개조해 정식으로 병원을 열었다. 그동안 외래 진료만 했는데, 이제는 수술과 입원도 가능해졌다. 병원 건물은 한옥이지만 내부에 환자 대기실, 사무실, 조제실, 수술실, 입원실 등이 있는 서양의 근대 병원처럼 만들었다. 사무실과 조제실을 연결했고, 회(灰)를 바른 병실 바깥쪽으로 베란다를 설치해 수술실과 연결시켰다.[5]

1887년 3월, 고종은 윌리엄의 병원에 '시병원(施病院)'이라는 이름을 지어 보냈다. 스크랜턴의 조선 이름이 시란돈이라서 그 앞 글자를 따서 지었다는 이야기도 있고, 널리 베풀라는 뜻에서 베풀 시(施)로 했다는 이야기도 있었다. 어쨌거나 미국인 의사 병원은 고종이 하사한 시병원으로 바뀌자 가뜩이나 많던 환자가 더 많아졌다. 시병원이라는 이름을 얻기 전에 연간 2,000여 명이던 환자 수가 5,000여 명으로 늘어났다.[6]

문제는 여성 환자였다. 남녀칠세부동석의 사회에서 장지문을 사이에 두고 실로 진맥을 받던 여성이 서양인 남자 의사의 병원에 올 리가 없었다. 어쩔 수 없이 오더라도 여성 환자가 직접 오지 않고 다른 사람이 대신 와서 말로 증상을 설명하고 약을 타갔다. 여성은 여전히 의료 혜택과 거리가 멀었고, 굿이나 미신에 의존하였다. 그렇다고 해결 방법이 없는 것은 아니었다. 여성 의사가 여성 전용 병원에서 여성 환자를 치료하면 될 터. 스크랜턴은 선교 본부에 여성 의사를 파견해 달라고 요청했다.

1887년 10월, 미국에서 여의사 메타 하워드(Meta Howard)가 왔다. 하워드는 처음 1년 동안 시병원의 방 3개짜리 한옥에서 여성 환자를 전담하였다. 외래 진료만 한 게 아니라 수술도 하고 왕진도 갔다. 그동안 스크랜턴 모자는 여성 전용 병원을 준비하고 있었다.

얼마 후 드디어 이화학당 구내에 독자적인 여성 전용 병원이 문을 열었다. 한옥을 병원으로 개조해 시병원과는 담 하나를 사이에 두고 있었다. 이번에도 고종은 이름을 지어 보냈다. 보구여관(普救女館). 여성을 질병으로부터 보호하고 구원하는 집이었다. 그제야 여성이 적극적으로 병원을 찾기 시작했다.

그러나 보구여관의 의사는 하워드 단 한 명뿐이었다. 하워드는 혼자서 이국의 여성들을 치료하다 정작 자신의 건강을 잃고 말았다. 1889년 9월에 미국으로 돌아가야 했던 하워드는 회복하면 다시 조선에 오겠다고 했지만 그렇게 되지는 않았다. 당분간 보구여관은 윌리엄이 맡아 보기로 했다. 여성 해외 선교회는 조선에서 일할 여성 의료 선교사를 구하려고 했지만 쉽사리 해결되지 않았다.

1890년 10월, 로제타 셔우드 홀(Rosetta Sherwood Hall, 이하 로제타)은 정동 언덕배기에 올랐다. 언덕 위에 이화학당이 있고 그 아래로 보구여관, 시병원, 윌리엄과 아펜젤러의 사택, 그리고 배재학당이 있었다. 마른 날씨 탓인지 더 붉어진 석양이 단층 기와집들을 물들이고 있었다. 긴 항해 끝에 도착한 이국 풍경은 지는 해처럼 쓸쓸하고 고즈넉했다. 언덕 아래를 내려다보며 5년 전 어느 봄날을 생각했다.

스물한 살 그날은 주일 아침이었다. 로제타가 다니는 감리교회에 인도에서 활동하던 여성 선교사가 왔다. 여선교사의 열띤 강연 중 한 대목이 로제타의 심장에 꽂혔다.

"인도 여성은 몸이 아파도 의사에게 진료를 받을 수 없어요. 이유는 의사가 남자이기 때문이지요. 그런데 여자는 교육받을 기회마저 없으니 여성 의사가 나올 수가 없어요. 그러니 인도에 여의사가 얼마나 필요하겠어요? 여의사라는 존재가 선교에 얼마나 효과적일지 생각해보세요."

그 때의 감동과 충격은 로제타의 앞날을 순식간에 바꾸어 놓았다. 로제타는 막 시작한 공립 학교 교사를 그만두고 의과대학에 들어갔다. 미국에서 여성 의료 선교사를 많이 배출하던 펜실베니아 여자 의과대학이었다. 로제타는 의과대학을 졸업한 후 뉴욕의 빈민가 진료소에서 일하다가 하워드의 후임으로 임명되었다.

스물한 살 봄날의 운명이 데려온 곳이라서 그런지 조선은 분명 낯선 곳인데도 로제타는 자연스럽게 녹아들었다. 다른 선교사가 불평하는 한옥의 불편함이 아름답게 보였다.

로제타는 전통 한옥을 개조한 보구여관을 둘러보기 시작했다. 출입구 앞에 높다란 나무 칸막이가 있어서 어떤 남자도 여성 병원을 들여다보거나 함부로 들어올 수 없었다. 이화학당 한옥교사처럼 한양절충식 기와집이지만 절충의 범위는 작았다. T자형 평면을 둘러싼 창호마다 투명한 유리가 끼워져 있었다. 창틀의 장식을 없애 실내에 들어오는 햇빛은 더 풍부해졌다. 유리 창호에는 흰색 커튼을 달아 여성 환자의 사생활을 보호했다.

실내는 진료 공간과 입원 공간으로 구분했다. 마루에서 문을 열고 들어가면 진찰실이 있고, 마루 끝에 있는 큰 방은 환자 대기실이었다. 진찰실 옆으로 약제실, 창고, 세탁실이 붙어 있었다. 대기실, 진찰실, 약제실 등이 T자 평면의 한 축을 형성했고 직각 방향의 다른 축에는 병실과 수술실이 있었다. 병실은 모두 5개였다. 복도를 가운데에 두고 3개의 병실과 2개의 병실이 마주보고 있었다. 2개의 병실 사이에는 서재가 있었다.[7]

로제타는 빛이 잘 들어오는 서재를 수술실로 사용하기로 했다. 수술실이 될 방은 입원 공간의 중심에 있어 각 병실에서 수술실로 연결되는 동선이 짧아서 좋았다. 동선이 모이는 중심은 그만큼 중요한 공간이기도 했다. 당시 조선인에게 서양 병원의 차별성은 외과 수술에 있었기 때문에 수술실의 위치가 상징적인 의미도 있었다.

로제타는 보구여관에 비치된 약품과 의료 기구도 만족스러웠다. 스크랜턴이 6천여 평의 선교 부지를 구입한 비용이 450달러였는데, 약품과 의료 기구를 병원에 들여 놓는 데 쓴 비용은 200달러였다. 2천 6백여 평의 선교 부지를 구입할 수 있는 금액이었다. 로제타는 스크랜턴이 여성 병원을 얼마나 중요하게 여겼는 지 새삼 깨달았다.

서양인이 보기에 보구여관에서 가장 낯선 공간은 온돌 병실이었다. 대부분의 선교사들은 온돌을 불편하고 비위생적이라고 여겼다. 그런데 환자가 불편하고 비위생적인 온돌방에 입원한다면? 병원의 기본은 위생이라고 생각한 보통의 선교사라면 고개를 젓기 마련이겠지만, 의료 선교사 로제타의 생각은 좀 달랐다.

관점의 차이는 누구의 입장에서 보는가에 있었다. 온돌방은 먼지 깔린 바닥에 누워야 하니 비위생적이라는 것은 온돌을 부정적으로 보는 서양인의 생각이다. 방바닥에 앉아서 환자의 맥박과 혈압을 재고 진찰을 해야 하니 불편하다는 것은 입식 생활을 해온 서양인의 편견이다. 그러나 조선인 환자에게 온돌 바닥은 한번 데워지고 나면 잠자기 아주 편안하다. 따뜻한 방바닥 위에 이불을 돌돌 말아 누워 있으면 그만이다. 몸이 으슬으슬할 때 절절 끓는 방바닥에 누워 땀을 빼고 나면 가뿐해진다. 중요한 것은 환자의 몸이 기억하는 쾌적함이다.

온돌방은 소독하기 쉽고 요는 삶으면 되니까 오히려 더 위생적이다. 서양식 침대를 들여놓아도 조선인은 익숙하지 않아서 떨어질 위험이 있다. 온돌방은 전체가 하나의 침대와 같으니 환자가 침대 밖으로 떨어질 염려도 없다. 모름지기 선교 병원이라면 토착민 친화적인 환경을 존중해야 하지 않을까. 더구나 무료 병원이라면 온돌이 경제적이라는 점도 고려해야 한다.[8] 물론 조선인이 서양의 생활방식에 익숙해지면 이야기는 달라진다. 서양의 의료 문화와 시설에 맞는 최적의 조건은 서양식 병원이기 때문이다. 이것이 일반 의사나 선교사와 다른 의료 선교사 로제타의 신토불이식 관점이었다.

'저 아이가 없었다면 어땠을까?'

창가에 앉아 붕대를 감고 있는 김점동을 바라보는 로제타의 눈빛이 따스했다. 이국에서 만난 소녀와 호흡이 척척 맞도록 병원 일을 하는 것이 신기했다.

로제타는 아직도 그날을 생각하면 진땀이 났다. 보구여관에 새로 여의사가 왔다는 소문이 퍼지자 여성 환자가 몰려왔다. 로제타는 여독도 못 푼 채 정동에 도착한 다음 날부터 진료를 시작했다. 그런데 의료진은 달랑 로제타 한 명뿐이었다. 간호사도 없고 약사도 없었다. 더구나 조선말도 할 줄 몰랐다.

어떻게 환자의 증상을 듣고 복용법을 설명해 줄 것인가. 혼자서 체온과 맥박을 재고 약을 짓고 주사를 놓고 수술도 한다? 그제야 심각성을 깨달았다. 환경과 시설이 갖춰지면 뭐하나, 함께 일할 사람이 없는데! 로제타는 심장에서 북소리가 나도록 당황했다. 처음 얼마 동안은 이화학당의 선교사가 와서 통역을 해주었지만 언제까지나 그럴 수는 없었다. 임시방편이 아닌 지속적인 대책이 필요했다.

얼마 후 이화학당에서 영어를 가장 잘하는 여학생이 뽑혀 왔다. 보구여관에서 통역도 하고 조수로 일할 아이라고 했다. 열네 살 소녀의 이름은 김점동이었다. 김점동의 단짝인 일본 소녀 오와가도 따라와서 도왔다. 그러나 그것도 해결책은 아니었다. 전문적인 인력이 필요했다.

'여성이 여성에게 복음을 전한다.'

로제타는 여성 해외 선교회의 신조를 생각했다. 그것을 이 상황에 적용하면?

'여성이 여성에게 의술을 전한다.'

1891년, 로제타는 이화학당에서 영어 수준이 높은 학생을 선발해 의학 교육을 실시했다. 생리학과 약리학을 가르치고 보구여관에서 약을 제조하고 환자를 돌보는 실습을 시켰다. 한국에서 여성에게 최초로 실시한 근대 의학 교실이었다. 로제타는 그들을 보구여관의 간호사, 약사, 의사 보조로 키울 계획이었다. 그러나 복병이 있었으니, 바로 조혼 풍습이었다. 학생들을 애써 가르쳐 놓으면 만 열다섯 살이 되기 전에 결혼하느라 학교를 떠나기 일쑤였다.

변함이 없는 학생은 김점동이었다. 김점동은 1891년 1월 세례를 받고 직접 선택한 세례명 '에스더'를 자신의 이름으로 삼았다. 가난한 집안의 셋째 딸 김점동은 독실한 기독교인 김에스더가 되었다. 김에스더는 보구여관에서 누구보다 이해력이 빨랐다. 환자의 증상뿐만 아니라 자주 본 병은 처방약까지 줄줄 꿰고 있었다. 누구나 혐오하는 해부 실습도 주저하지 않았다. 수술실에서도 능숙한 조수였다. 로제타가 첫 10개월 동안 치료한 환자가 2,400여 명, 처방전 발행은 6천여 건, 왕진 환자는 82명, 입원 환자는 35명이었다. 조선어를 전혀 못하는 로제타 곁에 김에스더가 없었다면 불가능한 숫자였다.[9]

'에스더가 없으면 어떡하나.'

로제타는 김에스더가 다른 여학생처럼 조혼 때문에 떠날까 봐 걱정이었다. 언젠가는 미국에 보내 의학 공부를 시켜볼까 기대도 해보았다. 결국 올 것은 오고야 말았다. 어느 날 김에스더 어머니가 스크랜턴을 찾아와 작심한 말들을 쏟아놓았다.

"우리 애가 벌써 열일곱을 코앞에 두고 있소. 조선에서 여자가 열여섯이 넘도록 시집을 못가면 다들 쑥덕쑥덕, 어디 사람 대접이나 하는 줄 아시오? 당신이 신랑감을 찾아주지 않으면 우리는 하나님을 믿지 않는 사람에게라도 시집을 보내겠소. 병원도 더 이상 못 다니게 할 거요."

스크랜턴과 로제타뿐만 아니라 다른 선교사들도 부랴부랴 김에스더의 신랑감을 알아보았다. 마침내 찾아낸 사람은 로제타의 남편 윌리엄 홀(William J. Hall)이 추천한 박여선이었다. 윌리엄 홀은 1891년 12월에 의료 선교사로 조선에 와서 1892년 6월에 로제타와 결혼했다. 박여선은 윌리엄 홀이 평양으로 선교 개척을 위해 떠났을 때 고용된 마부였다. 윌리엄 홀은 어질고 성실한 박여선을 계속 일꾼으로 고용했고, 박여선은 윌리엄 홀에게 성경을 배우고 기독교 신자가 되었다.

문제는 김에스더보다 아홉 살이 많던 박여선이 가진 것도, 배운 것도 없으며 직업도 변변찮다는 것. 김에스더의 어머니는 사윗감이 마부였다는 사실에 기가 찼다. 신분을 따지고 보면 둘 다 집안이 고만고만했지만, 영어를 잘하는 여학생과 떠돌이 노동자의 차이는 엄연했다. 당사자는 어땠을까. 어린 시절부터 줄곧 봐온 남자의 기준이 선교사라면 실망했을 법했다. 김에스더는 사흘 동안 한 숨도 못 자고 고민한 끝에 결론을 내렸다.

'모두가 남편이거나 아내가 되어야만 하는 조선에서, 박씨가 하늘에 계신 아버지가 보내준 사람이라면, 신분이 높든 낮든 부자든 가난하든 무슨 상관이랴.'[10]

1893년 5월, 열일곱의 김에스더와 스물여섯의 박여선은 기독교 예식으로 결혼식을 올렸다. 그때부터 김에스더는 박에스더가 되었다. 일 년 후 에스더 부부는 평양 선교 책임자로 임명된 로제타 부부를 따라 가기로 했다. 1894년 5월, 두 부부 일행은 제물포에서 평양으로 가는 배에 올랐다. 두 쌍의 젊은 부부는 새로운 희망으로 부풀었다.

그러나 그들을 맞이한 것은 평양 관아의 박해였다. 평양 감사는 로제타 부부의 평양 거주를 허락하지 않았고, 이들을 돕는 기독교도 조선인을 감옥에 가두고 배교를 강요하며 고문을 했다. 평양 사람들은 로제타 부부가 머물렀던 집에 돌을 던졌고, 박여선은 상투를 잡힌 채 맞고 발로 채였다. 감옥에 갇힌 조선인 신자들이 곧 참수될 거라는 소문이 퍼졌다. 그 와중에도 호기심 강한 평양 사람들은 로제타와 어린 아들을 구경하러 몰려왔다.

이들이 평양에서 피 말리는 시간을 보내는 동안 한성에서는 영국령 캐나다인 윌리엄 홀과 미국인 로제타를 구하기 위해 영국 영사관과 미국 공사관, 선교사 단체가 조선 정부와 접촉

하며 바쁘게 움직였다. 다행히 평양 박해는 3일 만에 끝났다.

30년 같은 3일을 보낸 두 부부는 서둘러 평양에서 의료 사업을 시작했다. 그런데 이번에는 남쪽에서 동학 농민군이 봉기했다는 소식이 들렸다. 조선 정부가 동학 농민군을 진압하기 위해 청국에 파병을 요청하자 일본은 일본대로 대규모 일본군을 보냈다. 결국 청일 전쟁이 터지고, 평양은 청나라와 일본의 전쟁터로 변했다. 평양에 있던 선교사들이 한성으로 철수하는 바람에 로제타와 에스더 일행도 한성으로 돌아왔다.

평양 선교 책임자로서 잠시 한성에 머물렀다가 다시 평양으로 돌아간 윌리엄 홀은 전쟁 부상자와 전염병 환자를 돌보다가 그만 말라리아에 걸리고 말았다. 평양에서 제물포로 가는 배에 실려 가던 중 다시 발진 티푸스에 감염되었다. 로제타는 한성으로 실려 온 남편을 살리기 위해 죽을힘을 다했지만, 윌리엄 홀은 그해 11월에 숨을 거두었다. 로제타가 결혼 2년 반 만에 남편을 양화진 외국인 묘지에 묻었을 때 임신 7개월째였고 만 한 살 된 아들이 있었다. 몸도 마음도 소진되자 12월 한겨울에 어린 아들을 데리고 조선을 떠났다. 일본에서 증기선으로 갈아타고 태평양을 건너 샌프란시스코를 거쳐 뉴욕으로 향했다. 고향 리버티에 도착한 것은 1895년 1월 중순. 로제타와 어린 아들 곁에는 두 사람이 더 있었다.

청일 전쟁은 일본의 승리로 끝났다. 일본의 내정 간섭은 더 심해지고 결국 친일 내각이 수립되었다. 민씨 일파는 일본을 견제하려고 러시아와 미국을 끌어들이려 했다. 그러자 일본은 민비를 시해했다. 신변에 불안을 느낀 고종은 러시아 공사관으로 피했다. 이번에는 친일 개화파 정권이 무너지고 친러·친미 개화파 정권이 들어섰다.

열강은 침략을 가속화했다. 조선은 쉴 새 없이 몰아치는 열강의 침탈에 이리 뜯기고 저리 무너졌다. 정세는 선교회에도 변화를 가져왔다. 선교 초기에 조선 정부가 허용했던 병원과 학교는 더 많아지고 규모도 커졌으며 교회도 하나둘 세워졌다. 정치든 사업이든 선교든 서양인이 많아지면서 서양식 건축 수요가 늘어났다. 수요가 있으니 공급이 따라갔다. 건축 시공자나 서양 건축 재료를 쉽게 구할 수 있었다. 선교사들은 한양절충식 대신 서양식으로 건물을 지었다. 이제 교회는 경제력만 있으면 왕실의 눈치를 보지 않고 궁궐보다 높은 건물을 지을 수 있었다. 외세가 대세이고 영어가 출세의 지름길인 세태에서 서양 건물은 동경의 대상이 되었다.

정동 감리교 선교 부지의 풍경도 빠르게 변해갔다. 윌리엄이 세운 시병원은 1895년 남대문 상동으로 이전했다. 시병원

자리에는 1897년 한국 개신교 최초로 서양식 예배당으로 지은 정동교회가 들어섰다. 스크랜턴이 설립한 이화학당 한옥 교사는 1897년에 헐리고 붉은 벽돌로 지은 2층 메인홀이 신축되었다.

1887년에 설립된 보구여관은 1892년 동대문에 분원을 마련하였다. 분원은 후원자의 이름을 따서 볼드윈 진료소라고 이름 지었는데, 볼드윈 예배당과 함께 벽돌 벽체에 기와지붕을 올린 한양절충식이었다. 후원자 볼드윈은 다름 아닌 오하이오주 라벤나의 노부인이었다.

1897년 2월, 평양에 윌리엄 홀을 기념하는 기홀병원(紀忽病院)이 건립되었다. 선교회의 도움 없이 로제타와 친척, 동료, 독지가의 기부로 세워진 병원이었다. 병원 건축은 윌리엄 홀의 후임으로 평양에 온 폴 웰 의사가 맡았다. 조선인 목수가 한옥으로 지었는데, 40피트(12.2미터)×60피트(18.3미터) 크기에 대기실, 진료실, 약제실, 의사 사무실이 있었다. 입원실 3개와 수술실은 1900년에 신축하여 12명의 환자를 받았다. 이때에도 건축 비용은 로제타와 지인들이 부담했다.[11]

선교사가 세운 병원은 진료만 하는 곳이 아니었다. 성경 학교와 예배처소의 기능도 했다. 병원에 성경과 전도 책자를 비치하여 전도사가 환자에게 복음을 전하고 예배를 드렸다. 보구여관만 해도 대기실은 여메레가 외래 환자에게 복음을 전하던 장소이자 사무실과 병실은 직원과 입원 환자의 예배당이었다. 기홀병원은 매일 아침 식사 후 병실에서 환자를 위한 기도회를 열었다.

병원에 오기 전에는 신앙이 없던 사람이 병원에서 수술을 받고 입원했다가 퇴원할 때는 신앙인이 되어 돌아갔다. 작은 병원을 통해 신자가 많아지면 그 병원을 헐고 큰 서양식 병원과 예배당을 세우는 의료 선교였다.

그동안 로제타와 박에스더는 어떻게 살았을까. 로제타가 남편의 장례식을 치르고 미국으로 돌아가려고 했을 때 박에스더는 자신도 데려가 달라고 간청했다. 가서 반드시 의사가 되고 말겠다고. 로제타는 미국 고향집에 도착한 지 나흘 만에 딸을 낳고, 몸과 마음을 추스른 후에 뉴욕 국제 의료 선교회에서 일하였다.

박에스더는 미국에 도착하자마자 목표를 향해 내달렸다. 로제타의 주선으로 뉴욕주 리버티 공립 학교에 편입해 미국 고등학교 과정을 배웠다. 그 다음엔 뉴욕시 어린이 병원에서 수간호사를 보조하며 의대 입시를 준비했다. 남편 박여선은 로제타의 고향집에서 그의 아이들을 돌보고 농장 일을 하며 번

돈으로 아내를 뒷바라지했다. 노력의 결실은 오래 걸리지 않았다. 미국에 온 지 2년이 채 못 된 1896년 10월, 박에스더는 4년제 볼티모어 여자 의과대학에 입학했다. 만 열아홉 살의 최연소 입학생이자 최초로 의학을 공부하는 조선 여성이 되었다. 4년 후 1900년 6월, 박에스더는 의학사 학위를 받고 우리나라 최초의 여의사가 되었다.

여기까지만 보면 박에스더의 미국 생활은 대단한 성취였다. 그러나 미국에서 보낸 시간은 캄캄한 터널 속에서 보일락 말락 한 줄기 빛을 찾아 온몸이 부서지도록 노력한 세월이었다. 미국 선교회의 도움을 받긴 했지만, 가난과 과로와 영양실조는 박에스더 부부에게 달라붙어 떨어질 줄을 몰랐다.

볼티모어 여자 의과대학은 박에스더가 원래 목표로 삼은 학교도 아니었다. 원래는 로제타가 졸업한 펜실베니아 여자 의과대학에 가고 싶었지만 합격하지 못했다. 볼티모어 여자 의과대학은 차선이었다. 하물며 자식들까지 잃었다. 첫 아이는 평양에서 3일 박해를 겪은 후 한성에서, 둘째 아이는 의과대학에 입학하기 전 미국에서 모두 조산으로 잃었다. 속을 들여다보면 원하는 대로 되는 것은 아무 것도 없었다.

"이쯤에서 정식 의사가 되는 것을 포기하고 그만 나와 함께 조선으로 돌아가자."

박에스더의 고통을 보다 못한 로제타가 다시 조선으로 돌아갈 결심을 했을 때 말했다. 그때 박에스더의 대답은 단호했다.

"지금 포기하면 다시는 기회가 오지 않을 겁니다. 최선을 다
한 후에도 배울 수 없다면 그때 포기하겠습니다. 그전에는 아
닙니다."

1897년 9월, 로제타는 아들 셔우드와 딸 이디스를 데리고
조선으로 떠났다. 박여선은 박에스더가 있는 볼티모어로 가
서 식당에서 일했다. 인생의 멘토가 떠난 미국에서 박에스더
는 지독하게 공부했고, 박여선은 헌신적으로 아내를 뒷바라
지했다.

인생은 산 넘어 산. 불행은 숨 쉴 틈을 주지 않았다. 졸업을
1년 남겨두고 박여선이 폐결핵에 걸렸다. 박에스더는 혼자서
생활비와 병원비를 벌면서 공부하고 남편을 간호했다. 하루하
루가 육신과 정신을 갈아대는 전쟁이었다. 졸업 시험을 3주 앞
두었을 때 박여선은 마치 짐 하나 덜어주겠다는 듯, 남은 시간
은 오롯이 공부에만 집중하라는 듯 세상을 떠났다.

1900년 10월, 박에스더는 홀로 귀국길에 올랐다. 6년 전 로
제타의 조수였던 박에스더는 이제 의과대학을 졸업한 의사로
서 감리교 여성 해외 선교회의 의료 선교사가 되어 조선으로

돌아가는 길이었다. 태평양을 항해하는 배 위에서 볼티모어 서부 로렌 파크 공동묘지에 묻힌 박여선을 생각했다. 자신이 의사가 되길 자신보다 더 바랐던 남편이었다. 박에스더는 의사가 된 기쁨보다 상실감과 회한에 온몸을 떨었다. 이제 남은 것은 신앙과 소명 의식 뿐이었다.

3년 만의 재회였다. 미국 볼티모어에서 헤어졌던 로제타와 박에스더는 평양에서 다시 만났다. 1897년 11월, 두 아이를 데리고 조선에 온 로제타는 보구여관에서 근무하다가 이듬해 5월 기홀병원이 있는 평양으로 옮겼다. 그리고는 얼마 후 평양 사택에서 여성 전용 병원 광혜여원(廣惠女院)을 설립했다.

그곳이 박에스더의 첫 부임지가 되었다. 10년 전 보구여관에서 의사와 통역으로 처음 만난 두 사람은 광혜여원의 동료 의사가 되었다. 그들은 사이좋은 자매처럼 팔짱을 끼고 그동안 평양에서 로제타가 해온 선교 사업을 둘러보았다. 기홀병원은 박에스더도 미국에서 전해 들어 어렴풋이 알고 있었다. 그러나 막상 두 눈으로 직접 보니 만감이 교차했다.

'만약 그때 윌리엄 홀이 평양에서 병을 얻지 않아서 내가 미국으로 가지 않았다면 정식 의사는 못 되었겠지? 그러나 남편은 살아 있겠지? 미국에서 과로와 영양실조로 둘째 아이를 잃을 일도 없었을 테고. 과연, 잃은 것은 무엇이고 얻은 것은 무엇이며, 남은 것은 무엇이고 남길 것은 무엇인가? 그리하여 인

간이란 무엇이고 인생이란 무엇인가? 윌리엄 홀의 죽음으로
인해 생긴 그 병원은 그를 박해했던 평양 사람을 살리고 있다.
이것은 역설인가 인과인가. 이것이 로제타가 죽은 윌리엄 홀
을 다시 살리는 방식인가, 아니면 순전한 소명인가? 그것도 아
니면 로제타의 자학인가, 위선인가?'

　박에스더는 머릿속을 뱅뱅 도는 생각들로 어지러웠다. 새로
마련한 기홀병원 입원실과 수술실까지 보고 나서 간 곳은 이
디스 마거릿 어린이 병동이었다. 로제타가 미국에서 낳은 딸
이디스는 내내 건강하게 자라던 아이였다. 그런 아이가 평양
에 온 지 얼마 안 되어 이질로 죽었다. 아버지의 얼굴조차 보지
못했던 이디스는 죽어서야 양화진 외국인 묘지에서 아버지를
만났다.

　로제타가 지은 이디스 마거릿 어린이 병동은 작고 소박하지
만 아직 평양에서는 보기 드문 2층 양옥이었다. 양철 지붕 아
래 목재 패널을 붙여 벽체를 세웠다. 지붕 위로는 벽돌 굴뚝이
솟아 있었다. 박에스더는 로제타의 고향에서 본 집이 떠올라
울컥했다.

　'이디스에게 친숙한 형태와 재료로 병동을 짓다니, 로제타
는 낯선 땅에 데려온 딸에게 그토록 많이 미안해하며 아파했
던가.'

　그때 무심코 눈에 들어온 것은 시멘트로 만든 커다란 물탱

크! 이디스 병동과 어울리지 않게 너무나 큰 물탱크를 본 순간, 불쑥 눈물이 솟았다. 거대한 물탱크는 마치 '깨끗한 물만 있었어도 내 딸은 죽지 않았다!' 이질로 딸을 잃은 로제타의 절규 같았다. 그 경험은 박에스더에게도 낯선 것이 아니었다. 미국에서 둘째 아이를 조산했을 때 자책으로 발버둥쳤던 기억이 생생하게 되살아났다.

박에스더는 로제타를 따라 광혜여원으로 갔다. 이디스가 죽은 지 한 달이 되기 전에 로제타는 광혜여원을 설립했다. 자식이 죽었는데 어떻게 그럴 수 있었을까? 모르는 사람은 그렇게 말하겠지만, 박에스더는 로제타를 이해할 수 있었다. 그도 둘째 아이를 잃고 나서 의과대학에 입학했다. 남편이 세상을 뜬 후 졸업 시험 공부에 매달려 의과대학을 졸업했다. 그것은 정해진 목표를 향한 불굴의 노력이 아니었다. 상실의 고통을 견디기 위한 처절한 몸부림이었다. 그 몸부림은 아직도 끝나지 않았다.

"에스더, 광혜여원 이름 누가 지었는지 알아? 평양 감사가 지어줬어. 감사 아내를 내가 치료해줬거든. 평양 감사가 고맙다며 선물을 보내왔기에 병원 이름을 부탁했지. 세월도 흐르고 세상도 바뀌고 있어. 이제 평양의 분위기도 많이 달라졌어. 광혜여원을 찾아오는 사람들을 봐. 이젠 이 공간도 비좁아. 조만간 이디스 병동 옆에다 양옥으로 새로 지을까 해. 이제 네가 왔으니 수술실과 입원실도 필요할 테고."

그동안 로제타는 병원에 오는 환자만 돌본 게 아니었다. 병원에 올 수 없는 환자를 위해 왕진도 다녔다. 맹인 학교를 설립해 한글 점자를 가르쳤고, 선교사 자녀의 교육을 위해 평양 외국인 학교도 열었다. 전도 부인을 양성하려고 여자 성경 훈련반도 운영하였다. 믿기지 않을 만큼 많은 일을 벌여 죽기 살기로 일했다. 그 덕에 평양의 선교 사업은 나날이 발전했지만, 불면증과 과로에 시달리다 신경 쇠약에 걸리고 말았다.

1901년 6월, 로제타는 의사들의 권고를 받아들여 미국으로 요양을 떠났다. 마침 보구여관 여의사 메리 커틀러(Mary M. Cutler)도 안식년이라 본국으로 갔다. 선교부는 커틀러가 복귀할 때까지 보구여관은 박에스더에게, 광혜여원은 볼드윈 진료소를 담당하던 릴리안 해리스(Lillian Harris)에게 맡겼다.

박에스더는 의사의 꿈을 열어준 보구여관에서 1901년 6월부터 1903년 3월까지 제6대 여의사로 근무했다. 매년 3천 건이 넘는 진료를 하고, 휴일도 없이 왕진을 다니고, 가정 방문을 하며 복음을 전파하였다. 전염병도 두려워하지 않고 환자들 속으로 들어갔다. 사람들은 통역이 필요 없는 박에스더를 우리 의사라고 불렀다. 박에스더는 최선이 아니라 가혹할 정도로, 마치 오늘이 세상의 마지막 날인 것처럼 헌신하였다. 그 모습은 어쩐지 평양에서 딸을 잃고 자신을 사정없이 몰아대던 로제타를 닮았다.

박에스더가 평양으로 복귀한 1903년, 3년 전 로제타가 말했던 바람대로 광혜여원은 목재 2층 양옥으로 새로 지어졌다. 1906년에 화재로 전소되었지만, 1908년 기홀병원 맞은편에 내화성이 강한 벽돌과 화강암으로 지하 1층, 지상 2층의 서양식 건물로 다시 지었다. 그만큼 평양 광혜여원은 로제타에게 집념의 장소였다. 한옥이던 기홀병원도 1917년에 3층 벽돌 건물로 짓고, 최신식 의료 장비를 갖추었다. 한옥 사택에서 온갖 우여곡절을 겪으며 시작했던 기홀병원과 광혜여원은 이제 누구나 알아보고 찾아오는 선교 병원이 되었다. 오래전 윌리엄과 로제타가 함께 꿈꾸던 그날처럼 새로 지은 기홀병원과 광혜여원은 서로 마주보고 서 있었다.

김마르타는 오른손 손가락과 콧등이 잘려나간 상태로 보구여관에 왔다. 모두 의처증이 심한 남편이 한 짓이었다. 김마르타는 학대를 저지른 남편에게 자식마저 빼앗긴 채 버림받았다. 보구여관에서 치료를 받은 뒤 의료 보조인과 전도 부인으로 활동하였다. 마르타는 세례명이었다.

이복업은 1882년 한성에서 여종으로 태어났다. 어렸을 때

다리 괴사로 걷지 못하게 되자 주인집을 나왔다. 바닥을 기어다니다 보구여관에서 로제타의 수술을 받고 걷게 되었다. 그 후 오전에는 이화학당에서 공부를 하고 오후에는 보구여관에서 간호보조원으로 일했다. 1897년 정동교회에서 아펜젤러 목사에게 세례를 받은 후 이그레이스가 되었다.[12]

김마르타가 보구여관에서 의료 보조원으로 일한 지 8년, 이그레이스가 6년이 된 1903년이었다. 마가렛 에드먼즈(Margaret J. Edmunds)가 간호원 양성소를 설립하기 위하여 보구여관에 왔다. 미시건대학 간호원 양성 학교를 졸업한 에드먼즈는 정식 간호사 자격증이 있는 실무 경력 9년의 간호 선교사였다.

그때까지 보구여관은 여의사 1명이 3명 정도의 조선인 의료 보조인에게 기초 지식을 가르쳐가며 운영하고 있었다. 환자가 많아지면서 체계적이고 전문적인 간호 교육이 필요했지만 그럴 만한 사람도 조직도 없었다. 스크랜턴과 의료 선교사들은 그동안 지속적으로 여성 해외 선교회에 간호 인력 양성 문제를 요청했다.

에드먼즈는 조선인 통역의 도움을 받아가며 적당한 조선어 용어부터 찾기 시작했다.

"Nurse가 조선어로 뭐죠?"

"그게 뭐요?"

"아픈 사람을 돌보고 보호하는 사람이지요."

"그럼 돌보다의 간(看), 보호하다의 호(護), 구성원의 원(員)을 합쳐 간호원이 어떻소?"

그렇게 해서 간호원이라는 명칭이 생겼다. 일본 용어로 간호부(看護婦)가 있긴 했지만, 간호부의 부(婦)는 여자만을 지칭하는 것이라서 좀 더 포괄적인 의미의 원(員)을 사용하기로 했다. 에드먼즈는 간호복도 만들었다. 환자를 돌보기 불편한 전통 한복을 개량 한복으로 만들었다. 활동하기 편하도록 저고리 기장을 길게 하고 옷고름을 없애고 흰색 치마는 가슴이 아닌 허리춤에서 묶도록 했다.[13]

간호원 교육 과정은 감리교와 장로교 교파를 초월하여 여러 의료 선교사의 조언과 도움을 받았다. 간호학 교재도 한글로 번역하고 양성소 운영에 필요한 규정도 정했다. 평양 복귀를 앞둔 박에스더도 동참하였다. 교육 기간은 6년으로 정했다. 박에스더가 미국에서 다닌 의과대학이 4년인데, 조선에서 간호원 양성소가 6년인 이유가 있었다. 당시에는 제대로 교육을 받은 여성이 드물었다. 입학생은 읽기와 쓰기부터 배워야 할 형편이었다. 교과목은 성경, 영어, 병원 윤리, 산과 간호, 안이비인후과 치료, 의약 간호, 위생, 해부학, 병리학, 표본 조사, 병상 간호, 영양학, 마시지 등이 있었다. 낮에는 병동 실습을 하고 밤에는 수업을 받는 주경야독식 교육이었고, 병동 실습은 하루 12시간 주야 교대로 정했다.[14]

드디어 그해 12월 보구여관 간호원 양성소를 개교하였다. 3년 후 1906년 1월에는 제1회 가관식이 열렸다. 가관식은 견습 기간을 마친 학생에게 간호원 모자를 씌워주는 것인데, 이제부터 본격적인 실습에 참여할 수 있는 자격이 되었음을 공인하는 의식이었다. 2년 후인 1908년 11월에는 제1회 졸업식이 거행되었다. 1903년 개교식부터 1906년 가관식과 1908년 졸업식까지 줄곧 주인공이 된 사람은 바로 김마르타와 이그레이스였다.

보구여관 간호원 양성소는 한국 최초의 근대적인 간호 교육 기관이었다. 이화학당처럼 최초의 수식어가 붙은 만큼 초창기에 입학생을 구하기가 어려웠다. 가장 큰 걸림돌은 조혼 풍습이었다. 열여섯 살이 되기 전에 결혼하는 상황에서 6년간의 긴 교육 과정을 계속할 여성은 드물었다. 그나마 가능했던 경우가 김마르타나 이그레이스처럼 버림받고 갈 곳 없는 여성이거나 젊은 과부, 이화학당에 다니다가 보구여관에서 조수로 일하는 여성이었다. 그러나 점차 간호원이 새로운 여성 직업으로 인식되면서 정규 교육을 받은 학생도 입학하였다.

1912년, 보구여관 동대문 분원 볼드윈 진료소는 새로 건평

360평의 3층 병원을 지었다. 병원 이름을 릴리안 해리스 기념병원(Lillian Harris Memorial Hospital)으로 바꾸고 정동의 보구여관과 통합하였다. 간호원 양성소도 릴리안 해리스 기념병원으로 옮겼다. 릴리안 해리스는 볼드윈 진료소의 초대 여의사였다. 1901년 미국으로 요양을 떠난 로제타를 대신해 평양 광혜여원에서 일하다가 발진 티푸스에 걸려 사망하였다. 릴리안 해리스 기념병원은 개원하자마자 여성 환자로 넘쳤다. 1916년에 산부인과 병동과 유아 병동이 설치되었고 1921년에 격리 병동이 완공되었다. 1930년대에는 산부인과를 전담하는 동대문 부인병원으로 널리 알려졌고, 해방 후 이화여대 부속병원이 되었다.[15]

여성 전용 병원 보구여관과 간호 교육 기관 보구여관 간호원 양성소는 모두 한국 최초였다. 그러나 최초보다 더 중요한 의미는 사람을 남겼다는 것. 보구여관에서 의학 교육을 시작한 박에스더는 한국 최초의 여의사이자 후배 여성들에게 훌륭한 롤모델이었다. 보구여관 간호원 양성소를 졸업한 여성은 간호 업무와 간호 교육 분야에서 선구자가 되었다. 보구여관은 사회적으로 소외받던 여성에게 의료 전문가의 새 삶을 열어준 장소였다.

'여성이 여성에게 의술을 전한다.'

로제타의 초심은 그렇게 실현되었다.

살되, 네 생명을 살아라

Space #3_ 상동교회
Woman #3_ 차미리사

상동교회

1879년생 섭섭이는 그 이름처럼 부모가 낳았을 때 참 많이
도 섭섭했다. 이미 다섯 명의 자식을 잃었고 오십 줄에 낳은
아이가 대를 이을 아들이 아니니 부모는 허탈하고 야속했다.
낳을 때는 섭섭했지만 다행히 키울 때는 애지중지하였다.

무남독녀 섭섭이는 부모의 품속에서 아쉬울 것 없이 자랐
다. 1895년, 열일곱 살이 되던 해에 시집을 갔다. 결혼 생활도
남부러울 것이 없었다. 바깥세상은 동학 농민 전쟁으로 어지
럽고 왕비가 시해되고 국왕이 러시아 공사관으로 피난가고
외세가 조선을 물어뜯고 있었지만, 새색시의 일상은 담장 안
에서 평화로웠다.

순조롭던 삶에 파란이 일어난 것은 1897년. 결혼한 지 2년
만에 남편이 중병으로 죽었다. 섭섭이는 졸지에 딸 하나를 둔
열아홉 살 청상과부가 되었다. 어려서는 아버지를, 결혼해서
는 남편을, 남편이 죽은 후에는 아들을 따른다는 삼종지도가
여전한 시대에 한 해 전 아버지가 사망했고, 남편이 병사했으

며, 남은 자식은 어린 딸 하나였다. 남편이 떠난 텅 빈 방안에서 넋 놓고 앉아 어떻게 해가 뜨고 지는지 몰랐다.

낳은 자식이 딸이 아니라 아들이었다면 처지가 달라졌을까. 섭섭이는 딸을 데리고 친정으로 돌아갔다. 남자 하나 없고 살림살이마저 기울어가는 친정에 와보니 신세는 더 처량해졌다. 해질녘 까마귀 소리만 들어도 남편이 죽던 때가 생각났다. 봄날 푸른 버들을 봐도 눈물이 뚝뚝 떨어졌다. 가을바람에 나뭇잎이 떨어지고 기러기가 짝을 지어 하늘을 날아오르면 가뜩이나 심란한 마음은 갈가리 찢어졌다. 어린 딸이 이웃집 아이들과 놀다가 들어와서 나는 왜 아버지가 없냐고 물으면 가슴이 미어졌다.[16] 그러던 어느 날 옥색 옥양목 쓰개치마를 숙여 쓰고 집 밖으로 나갔다. 남대문 방향으로 걸어가는 섭섭이의 발걸음이 점점 빨라졌다.

윌리엄은 서대문 성벽을 산책하다 정동을 내려다보았다. 각국 공사관이 몰려 있고 서양인이 양반 기와집을 차지하고 있는 곳, 윌리엄의 눈에 비친 정동은 기이한 장소였다. 주인은 추방되고 이방인이 떵떵거리는 이곳은 과연 선교 병원에 적합한 장소인가? 그 생각만 하면 숨통이 막혔다. 선한 사마리

아인의 병원을 꿈꾸었지만 정동에서 차츰 한계를 느꼈다.

월리엄은 서대문 성벽 아래 별단이 모녀를 발견한 곳에 섰다. 전염병에 걸려 버려진 모녀를 발견하지 않았다면 어떻게 되었을까? 이화학당에서 건강하게 뛰노는 별단이를 생각하며 가슴을 쓸어 내렸다. 이제 정동에서 별단이를 기다릴 게 아니라 수많은 별단이가 사는 곳으로 직접 가야 하지 않을까? 그때부터 시병원 일을 하면서 틈틈이 바깥을 돌아다녔다.

월리엄의 눈에 들어온 곳은 두 군데였다. 서대문 밖 애오개 (현재 아현동)와 남대문 시장. 애오개는 조선 시대 빈민을 구제하던 활인서가 있던 곳이었다. 전염병이 돌면 환자들을 격리 수용하고 사망하면 매장하였다. 어린아이와 무연고자의 무덤이 유독 많았다. 가난하고 아픈 사람들이 모여 살던 곳이라서 눈길이 더 가고 마음이 붙들렸다. 1888년 12월, 월리엄은 애오개 언덕에 작은 한옥을 사서 진료소로 개조해 애오개 시약소를 열었다. 진료와 전도 활동을 하던 애오개 시약소는 훗날 아현교회로 발전하였다.

남대문 시장은 애오개와 반대로 활기가 넘치는 곳이었다. 한성에서 돈과 물건과 사람이 모이기로 유명했고, 교통이 편해 종로 다음으로 통행 인구가 많았다. 상인뿐만 아니라 노동자와 걸인과 부랑자도 몰려와 기대어 살았다. 가난하고 소외된 민중을 위한 병원과 교회를 세우기 안성맞춤이었다. 월리엄은 남대문 시장 일대를 새로운 선교 활동의 중심지로 점찍 었다. 정동에서 느슨해진 의욕이 다시 팽팽하게 살아났다.

윌리엄은 남대문 시장과 인접한 상동 언덕에 여러 필지의 땅을 사들였다. 그곳에 있던 한옥을 개조한 후 1890년 10월 에 남대문 시약소를 열었다. 다음 해에는 지하 1층, 지상 1층 의 벽돌조 건물을 지어 입원실 2개와 조제실, 대기실을 만들 었다.[17] 시장통에서 하루하루 살아가는 사람들, 신분사회에서 사람대접 못 받아본 사람들, 가난해서 아무리 아파도 의원 한 번 찾아갈 수 없던 사람들을 치료하고 치료비는 환자 형편 되 는대로 받았다. 무당의 굿도 효력 없다며 죽을 날만 기다리던 사람들이 주사와 메스로 뚝딱 나았다. 사람들은 윌리엄의 친 절에 감동했고 서양 의술에 감탄했다.

남대문 시약소도 정동 시병원과 보구여관처럼 전도 활동을 하였다. 환자가 대기실에서 차례를 기다리는 동안 전도사는 성경 이야기를 하고 복음서를 팔았다. 아침 8시에 의료진과 입원 환자가 예배를 보고, 11시에는 의사가 환자들에게 찬송 과 간단한 설교를 하였다. 전도사가 환자를 모아서 성경 공부 반을 만들기도 했다.

"모든 사람은 평등하다, 서로 사랑하라!"

처음에는 콧방귀도 안 뀌던 이야기가 들을수록 향긋했다. 이곳에 온 환자들은 하나둘 신자가 되었다. 1893년 남대문 시약소 예배처소는 정식으로 상동교회로 승격되었다. 초대 담임 목사는 윌리엄이었다. 정식 교회가 되었지만 입교자 수는 아직 적은 편이었고 신자들은 모두 남성이었다.

스크랜턴이 발 벗고 나섰다. 이화학당 운영을 여선교사에게 물려주고 거처를 상동으로 옮겼다. 스크랜턴은 조선인 전도 부인을 데리고 남대문 시장 주변으로 여성을 찾아다녔다. 아들은 담임 목사로, 어머니는 전도 부인으로 활약하면서 교인 수뿐만 아니라 남녀 비율도 표 나게 달라졌다. 17명이었던 교인이 2년 후 131명이 되었다. 비좁은 예배처소에 교인들은 다 들어올 수도 없었다.

이번에도 스크랜턴이 해결하였다. 1895년 사비를 들여 건너편에 있던 달성궁(오늘날 한국은행 본점 뒤편)을 매입했다. 그곳에 350명을 수용하는 예배당, 교회 부속 학교와 선교사 사택을 마련했다. 상동교회를 달성궁 예배당으로 옮기고 남대문 시약소를 병원 전용 공간으로 사용했다. 얼마 후 정동 시병원이 남대문으로 옮겨오면서 남대문 시약소는 남대문 시병원이 되었다.

스크랜턴은 상동교회에서도 여성 교육을 실시하였다. 기숙사가 있는 이화학당과 달리 매일 통학하는 매일여학교(공옥여학교)를 만들어 남대문 일대 빈곤층 딸이 다닐 수 있도록 하였다. 기혼 여성을 위하여 전도 부인 양성 학원도 만들었다.

일반인에게 선교사 사택을 개방해 기독교 강좌도 마련했는데, 호기심 반 관심 반으로 찾아온 여성들이 한성과 지방에서 3,000여 명에 이르렀다.[18]

교인 수는 더욱 증가하였다. 예배당에 다 못 들어가서 마당에 천막을 치고 예배드렸다. 교회 공동체의 분위기도 좋았다. 교인 대부분은 중인층과 빈민층이었지만 헌금은 극빈층까지 빠짐없이 자발적으로 냈다. 그렇게 모인 헌금으로 선교사의 도움 없이 조선인 전도사의 생활비와 교회 운영비를 대고 남대문 시장의 가난한 이웃을 도왔다. 가장 가난한 사람들의 교회가 가장 큰 자생력을 발휘하였다. 상동교회를 설립한 윌리엄조차 예상하지 못했던 기적이었다. 이제 상동교회 교인들은 1,000명을 수용할 수 있는 새 교회를 짓기로 하고 건축 헌금을 모으기 시작했다.

"나는 시란돈 목사님을 만나고 나서 비로소 내가 사람인 것을 알게 되었소."

달성궁 상동교회 예배당 한가운데에 쳐진 휘장 저편에서 전덕기의 목소리가 들렸다. 휘장의 여자석과 남자석이 술렁거렸다. 누군가는 깊은 한숨을 토했고, 누군가는 무릎을 쳤고,

누군가는 눈물을 찍어냈다. 섭섭이는 옥색 옥양목 쓰개치마를 곱게 접어 무릎에 올려놓은 채 가만히 고개를 끄덕였다.

'나는 시란돈 대부인을 만나고 나서 비로소 여자도 사람이라는 것을 알게 되었소.'

섭섭이는 전덕기의 간증을 들으며 동병상련을 느꼈다. 상동교회에 오기 전 겪은 절망의 세월에서 새로운 삶을 꿈꾸게 되는 변화의 과정은 상동교회 신자에게는 흔한 일이었다.

섭섭이도 상동교회에서 인생이 바뀌었다. 상동교회는 교인이면서 청상과부였던 고모의 권유로 다니게 되었다. 그 무렵 한창 성장기에 있던 상동교회는 남녀 신자가 급증했고, 남대문 시장 근처 가난한 사람을 위한 구제 활동도 활발했다. 전덕기가 중심이 된 상동 청년회는 독립 운동과 계몽 운동에 적극적이었다. 상동 청년회는 상동교회에 초등 과정의 공옥학교도 설립했다. 섭섭이는 상동교회에서 열심히 배워 공옥학교에서 열심히 가르쳤다. 다양한 여성 신자를 만나 세상이 어떻게 돌아가는지, 사람이 서로를 어떻게 돕고 영향을 미치는지, 상동교회에서 경험한 모든 것이 섭섭이를 눈뜨게 했다.

섭섭이는 새 이름을 얻었다. 세례명 미리사(美理士, Melissa의 한자 표기). 그 이름으로 청상과부의 삶을 떨쳐내고 여성운동가 차미리사의 새 삶을 시작하였다.

'가난한 자에게 복음을! 포로된 자에게 해방을! 억눌린 자

에게 자유를! 고통 받는 자에게 평안을!'

상동교회의 사회 복음 정신을 차미리사는 여성 운동으로 확장하였다.

'가난한 여성에게 복음을! 포로된 여성에게 해방을! 억눌린 여성에게 자유를! 고통 받는 여성에게 평안을!'

큰 뜻을 품고 나니 큰 배움을 열망하게 되었다. 더 넓은 세계를 보고 새로운 문물을 배우고 싶었다. 그러나 현실은 차미리사의 발목을 잡고 늘어졌다.

'칠순을 넘긴 어머니와 어린 딸을 내팽개치고 유학을 가겠다고? 유학 자금은 있기나 해? 한글만 깨우친 실력으로 겁도 없이 어딜 가서 무얼 하겠다고? 태어나서 지금까지 아현동 친정집과 무교동 시집만 알고 살다가 겨우 상동으로 나온 지 얼마나 되었다고 이 난리야. 간이 배 밖에 나와도 유분수지, 꿈 깨라, 꿈 깨!'

욕망이 뜨거워질수록 관습의 소리가 찬물을 끼었었다. 따지고 보면, 아니 따질 것도 없이 틀린 말은 아니었다. 틀린 말이 아닌 걸 알면서도 원하게 되니 미칠 노릇이었다. 늦바람이 무섭다고, 뒤늦게 눈뜬 세상에 대한 호기심과 배움에 대한 갈증은 집요했다. 희망과 절망이 단옷날 널뛰기하듯 오르락내리락할 때 해결사가 나타났다.

⟡

1900년 7월 30일 오후 6시, 상동교회 새 예배당 정초식이 열렸다. 새 예배당은 달성궁이 아니라 상동교회가 시작된 남대문 시병원 터에 짓기로 했다. 달성궁 예배당 터는 원래 스크랜턴이 사비로 구입한 것이니 이제 돌려줄 때가 되었다. 게다가 그 무렵 감리교 선교 본부는 의료 선교가 밑 빠진 독에 물붓기라며 병원을 줄이고 교회 설립에 주력했다. 교회 건축비는 교인들이 십시일반 모은 건축 헌금과 스크랜턴이 모아둔 기금에 미국 독지가들의 희사금을 보탰다.

정초식은 윌리엄의 모두 발언으로 시작되었다. 뒤이어 아펜젤러가 기도를 하고 교인들이 시편으로 화답을 하였다. 정초식 머릿돌을 보며 다들 상동교회의 모습을 궁금해 했다. 정동교회보다 큰지 작은지, 지붕은 정동교회처럼 뾰족한지, 벽은 정동교회처럼 붉은 벽돌인지 중국식 회벽돌인지, 창문과 탑은 정동교회와 어떻게 다르고 얼마나 높은지….

아직 지어지지 않은 상동교회를 설명하려면 이미 지어진 정동교회가 필요했다. 3년 전에 완공된 정동교회(벧엘예배당)는 개신교 최초의 서양식 교회였다. 최초였던 만큼 나중에 짓는 교회의 모델이 되었다.

아펜젤러는 조선에서 개신교 최초의 서양식 교회를 어떻

게 지었을까. 그는 미국 북감리교회에서 발간한 1894년판 교회 설계 도면집에서 십자형 평면의 고딕풍 교회인 25번 설계안을 선택했다. 그것을 일본인 요시자와 토모타로가 모방 설계를 하고 조선인 심의석이 시공하였다. 요시자와는 이미 일본 요코하마에서 서양식 교회당을 설계한 경험이 있었다. 아펜젤러가 세운 배재학당도 요시자와가 설계한 것이었다.[19]

심의석은 줄곧 한학을 공부하다 배재학당 공사에 참여하면서 건축 장인으로 변신했다. 선교사의 서양식 건축을 시공하면서 기독교인이 되었고 조선 왕실의 건축 조직에서 출세도 했다. 심의석이 시공한 서양 건축은 정동교회 외에도 남대문 시약소 벽돌조 건물, 이화학당 메인홀, 상동교회, 독립문, 덕수궁 석조전 등이 있다.

정동교회 예배당은 고딕 양식을 단순하게 만든 형태였다. 유럽의 전통적인 고딕 건축에서 나타나는 고딕 특유의 구조미와 화려한 장식을 피하고 소박하고 실용적으로 지었다. 고딕 양식하면 바로 떠오르는 뾰족 아치와 뾰족 탑을 간결하게 만들었다. 정동교회의 출입구와 뾰족 아치 창문은 고딕풍이지만 훨씬 단순한 형태였다. 동남측 모서리에 있는 종탑 부분도 전형적인 뾰족 첨탑이 아니라 평탑이었다. 십자형 경사 지붕도 고딕 건축의 복잡한 지붕 구조로 만든 것이 아니었다. 실내 공간은 25번 설계안과 같은 십자형 평면이었다. 전반적인 분위기는 고딕풍이지만 고딕의 장식적인 요소는 생략했다. 고딕의 원형인 가톨릭 성당보다 훨씬 검소하고 단순한 것은 개신교의 청교도적인 성격과 미국 실용주의가 반영되었기 때문이다. 조선의 현실적인 여건까지 고려하면 서양식 교회를 온전하게 지을 만한 건축 기술과 경제력도 부족했을 것이다.

3년 전 정동교회 봉헌식에서 상동교회 교인은 아름다운 벽돌 예배당이라며 감탄했다. 서양식 개신교 교회를 본 것이 정동교회뿐이었으니, 당연히 새로 지을 상동교회도 정동교회처럼 붉은 벽돌에 뾰족 창문, 뾰족 탑, 뾰족 지붕으로 지을거라 생각했다. 1,000여 명이 한꺼번에 들어갈 수 있는 한옥 예배당은 상상하기도 어려웠다. 서양 종교를 받아들인 만큼 이왕이면 나무보다는 벽돌, 벽돌 중에서도 중국식 회색 벽돌이 아니라 서양식 붉은 벽돌이 좋아보였다. 땅에 엎드린 듯 납작한 한옥보다 키 큰 서양인처럼 우뚝 서 있는 서양 건물이 더 힘차 보였다. 색깔이든 형태든 재료든 낯선 것은 전통 사회에서 비주류로 살아온 사람들에게 미묘한 해방감을 주었다.

상동교회 교인들은 아름다운 벽돌 예배당을 갖게 되었다며 기뻐했다. 3년 전 정동교회를 보면서 자신의 일처럼 축하하면서도 마음 한구석에는 '우리도 나중에 최소한 저 정도는 지어야겠다'는 묘한 경쟁심도 있었다. 그때 일을 기억하는 사람들의 입가에 통쾌한 웃음이 걸렸다. 어차피 같은 감리교 교회이니 우리도 아름다운 벽돌 예배당을 갖게 될 것이고, 차이점이 있다면 정동교회는 500명을 생각하고 지었지만 상동교회는 1,000명 규모로 짓고 있다는 것. 두 배로 크고 아름다운 교회가 될 테니 최소한 저 정도는 따 놓은 당상이라며 득의만만했다. 그때 한 사람이 고개를 갸우뚱 기울이며 옆 사람에게 조용조용 낮은 소리로 말했다.

"그런데 좀 이상하지 않아? 여기 땅 크기를 좀 봐. 정동교회보다 두 배나 큰 교회가 들어가겠어?"

"가고 싶으면 가는 거야. 정면돌파 하시게."

역시 조신성은 강단 있게 살아온 여성다웠다. 망설임과 잔걱정을 군더더기마냥 싹둑 잘라내고 본질만 드러내었다. 가고 싶으면 가는 거야. 그 단순하고 명쾌한 말 한 마디에 차미리사는 따로 노는 머리와 가슴이 정리가 되었다. 사실 고민하는 사람은 누구나 답을 안다. 다만 마지막 망설임의 껍질 하나를 누군가 벗겨주길 기다릴 뿐이다.

조신성은 평안북도 의주에서 태어났다. 1867년에 태어났다는 설도 있지만 보통 1873년 혹은 1874년생으로 알려져 있다. 조신성과 차미리사는 공통점이 많았다. 무남독녀였고 청

상과부였으며 기독교 신자였고 상동교회를 다녔다. 닮은꼴이
지만 안을 들여다보면 조신성의 사연이 훨씬 가혹했다.

조신성은 유복한 선비 집에서 태어났지만, 아버지는 이미
유랑 생활로 집을 떠나 있었다. 당연히 집안에서는 아버지를
대신할 아들을 기다렸다. 첫 아이였고 아버지가 돌아오지 않
으면 마지막 아이가 될 터였다. 그런 상황에서 딸이 태어났으
니 집안의 실망은 이만저만이 아니었다.

그래도 핏줄은 역시 핏줄이었다. 조부는 끝내 돌아오지 않
는 아들이 남긴 손녀를 사랑했고 부족함 없이 키웠다. 그러나
행복은 유년 시절에서 끝나고 말았다. 아홉 살 때 어머니가
죽으면서 고모 손에 맡겨졌다. 열여섯 살에 집안끼리 정한대
로 얼굴도 모르는 남자와 결혼했다. 남편은 아편 중독자였다.
결혼 6년 만에 남편은 가산을 탕진한 후 자살했다. 스물두 살
의 조신성은 오롯이 혼자가 되었다. 생계 문제에 부닥쳤고 혼
자 사는 여자를 대하는 세상의 인심은 사나웠다.

그나마 유교 사회에서 소외된 여성들에게 비빌 언덕이 되
어준 곳이 있었으니 바로 교회였다. 교회에 가면 여성도 사람
대접을 받았고 과부도 괄시를 받지 않았다. 무엇보다 글을 배
우고 전도든 봉사든 사회 활동을 하면서 자아를 깨달은 것이
가장 큰 변화였다. 모든 것은 나의 잘못이고 내 팔자라며 자
기비하를 강요하는 관습에서 벗어났다. 인생의 주인이 자신

이라는 걸 알게 되면서 삶에 희망이 생겼다. 초기 한국 기독교에서 여성 교인이 많고 그 중에서도 과부가 더욱 열성적이었던 이유가 거기에 있었다.

조신성은 남편이 자살한 후 고향에서 선교사 윌리엄 베어드(William M. Baird)를 통해 기독교 신자가 되었다. 전통 사회에서 여성의 절대적인 보호자로 군림했던 아버지와 남편이 떠나자 자의식의 날개를 달았다. 그 날개로 아버지와 남편이라는 오래된 고향을 벗어났다. 고향은 관습의 끈이 가장 끈적끈적하게 달라붙은 늪이었고, 과부는 관습의 밑바닥에 있었다. 스물넷에 관습의 늪에서 탈출해 이화학당과 상동교회를 다녔고, 상동 소재 교원 양성소를 졸업한 후 소학교 선생이되었다.

그렇게 과감하게 떠난 경험이 있기에 조신성은 차미리사에게 겁내지 말고 떠나라고 권할 수 있었다. 우물 안에서 벗어나 세상이 어떠한지, 조선 밖에서 보는 조선은 또 어떠한지, 앞으로 무엇을 하며 어떻게 살고 싶은지, 제대로 깨어나라는마음에서 권하고 또 권했다.

"정동교회 헌당식 때 청년회 토론회가 있었지. 생각나는가?"

조신성의 질문에 차미리사는 빙긋이 웃으며 대답했다.

"어떻게 잊겠어요? 그 통쾌한 순간을요."

정동교회 헌당식은 1897년 12월 26일에 거행되었다. 마침 성탄절 주간이기도 해서 헌당식을 전후로 닷새 동안 다양한 행사들이 열렸다. 부흥회를 비롯하여 기념 전람회, 빈민 구제 헌금, 성탄 등불 축제, 청년 토론회 등이 개최되었다.

"부흥회도 좋았지만, 맨 마지막 날에 있었던 청년 토론회가 가장 인상적이었지. 그때 누가 알았겠는가. 우리 여신도들이 그렇게 들고 일어날 줄을. 내 속이 다 뻥 뚫리더군."

조신성이 둥근 안경테를 밀어올리며 씩 웃었다. 그날 토론회 주제는 '남녀에게 같은 학문을 가르치고 동등한 대접을 하는 것이 가능한가?'였다. 진행은 남성 연사가 나와서 찬반으로 나눠 토론하는 방식이었다. 여성은 토론에 참가할 수 없었고 휘장 뒤에서 남성 연사의 토론을 듣기만 했다.

토론회는 점점 여성 교육과 양성 평등을 반대하는 분위기로 흘러갔다. 반대 세력은 하나님이 아담을 먼저 만들었고 하와는 아담의 갈비뼈로 만들었으며 하와가 먼저 죄를 지었다는 논리를 내세웠다. 서양이라면 사족을 못 쓰고 일기마저 영어로 쓰던 윤치호는 여성 교육 자체가 맹랑한 말이라고 딱 잘라 말하였다. 휘장 뒤에서 듣고만 있던 여성들이 참다못해 토론에 끼어들었다.

"하와가 죄를 지었지만 마리아가 아니면 예수께서 어떻게 세상에 나오고 인간의 죄를 대속했겠는가! 하와만 보지 말고

마리아도 보라!"

　일갈하는 여성들, 누구도 예상치 못한 장면이었다.[20]

　"문제는 가림막이야."

　조신성은 상동교회 정초식 머릿돌을 흘낏 쳐다보며 말했다. 차미리사는 그 말을 알아듣고 고개를 끄덕였다. 남녀칠세부동석은 교회에도 있었다. 선교사 사택을 예배 장소로 사용하던 선교 초창기에 남녀 신자들은 다른 시간에 와서 예배를 보거나 아예 다른 장소를 사용했다. 시간이 흘러 한 장소에서 같은 예배를 보게 되었을 때에도 남녀 자리를 앞뒤로 혹은 좌우로 분리하고 그 사이에 가림막을 설치했다. 목사가 설교하는 강단에서 가까운 앞자리에 남자가 앉으면 여자는 뒷자리에 앉았다. 남녀 자리가 좌우로 분리된 경우는 강단에서 볼때 남자는 오른쪽에, 여자는 왼쪽에 앉았다.

　이런 구분은 한옥 예배당을 개조할 때에도 그대로 적용되었다. ㅡ 자형 한옥에 직각 방향으로 한 채를 덧붙여 ㄱ자형 한옥을 만들면 남성 자리는 기존 예배당에, 여성 자리는 덧붙여진 부분에 있었다. 목회자 자리는 두 채의 한옥이 직각으로 만나는 부분에 있었다. 출입구도 목회자, 남성, 여성용이 따로 있었다.[21]

　"그런데 남자는 왜 오른쪽이고 여자는 왼쪽일까요? 예배당 밖에서 단체 사진을 찍을 때에도 남자는 오른쪽, 여자와 아이는 왼쪽에 서지 않아요?"

차미리사가 주변을 둘러본 후 조신성에게 바짝 다가와 낮은 목소리로 물었다.

"사도 신경에도 예수님이 하늘에 올라 전능하신 하나님 오른편에 앉는다고 하지? 성경에서도 복 받은 사람, 영광된 사람 자리가 하나님의 오른쪽이잖아. 설교대도 강단에서 보면 오른쪽에 있고. 오른쪽이 왼쪽보다 더 중요한 위치라는 거지. 난 말이야, 가끔 그런 생각이 들어. 저 선교사들이 태어난 미국 교회에도 우리네처럼 남녀 자리가 분리되어 있을까. 그것도 그냥 따로 있는 것이 아니잖아. 목사는 최고 상석, 남자는 그 다음 상석, 여자는 남은 자리. 이거야말로 양반과 상놈 세상과 뭐가 다른가? 모든 사람이 평등하다고 말하는 저 사람들의 마음속에도 남녀가 진짜로 평등할까? 나는 가림막을 볼 때마다 선교사들이 조선의 남녀유별을 어쩌지 못하는 건지, 아니면 그들도 입으로는 평등을 말하지만 실상은 평등하지 않은지, 그것도 아니면 둘 다인지 모르겠어. 그러니까, 한 살이라도 젊은 자네가 용기를 내어 훌훌 떠나시게. 우리가 조선에서 보는 서양인이 서양 그 자체는 아니잖은가. 세상이 어떻게 돌아가는지 직접 보고 느끼고 깨우쳐서 우리에게 알려주게나."

1901년 5월 12일, 전국에서 선교사와 조선인 사역자가 상동교회로 속속 모여 들었다. 1년 만에 완공된 상동교회 헌당식이 열리는 날이었다. 새로 지은 상동교회는 정동교회보다 두 배나 많은 사람을 수용했지만 교회 크기는 두 배가 아니었다. 정동교회는 115평에 500명을 수용했고, 상동교회는 목표치인 1,000명을 130평의 면적으로 해결하였다. 해결 방법은 평면에 있었다. 정동교회는 라틴 십자형 평면이었고 상동교회는 장방형 평면이었다. 십자형보다 훨씬 단순한 형태인 장방형은 수용 인원도 더 많고 공사비도 덜 들었다. 훗날 정동교회도 두 차례 증축하는 과정에서 원래의 십자형 평면이 장방형으로 바뀌었다.

상동교회는 고딕풍이긴 하지만 딱히 고딕 양식이라고 콕 집어 말하기엔 특징이 좀 약했다. 입면이든 평면이든 정동교회보다 더 단순했다. 정동교회 사방을 장식하던 아치 창문이 상동교회에서는 주요 개구부에만 있었다. 상동교회 입구 좌우에는 출입구가 두 개 있었다. 상동교회 교인은 예배당 입구에서 남녀 출입구로 따로 들어갔고, 실내에 들어가면 휘장으로 구분된 남녀 자리에 따로 앉았다. 미국 선교사가 세운 개신교회에도 조선의 남녀칠세부동석 관습이 적용되었다.

상동교회 헌당식을 치룬 5월 어느 날, 차미리사는 인천에서 상하이로 가는 한성호를 탔다. 봄 햇살이 반짝이는 서해 바다에 일렁이는 물결 위로 조신성과 박에스더의 얼굴이 떠올랐다. 조신성이 아니었다면 떠날 용기를 내지 못했을 것이다. 미국에서 의사가 되어 돌아온 박에스더가 없었다면 추진력을 얻지 못했을 것이다.

스물세 살의 차미리사는 점점 멀어져가는 조선 땅을 돌아보았다. 조선에서 살아온 날들이 파노라마처럼 스쳐갔다. 차미리사는 천천히 쓰개치마를 벗어 내렸다. 맨얼굴 위로 스치는 바닷바람이 상쾌했다. 그 바람에 쓰개치마를 날려 보냈다.

'잘 가거라, 나의 과거여. 이제 나는 다시는 내 얼굴을 가리고 살지 않겠다.'

조신성은 차미리사가 중국으로 떠난 후 이화학당 사감으로 재직하다가 일본으로 유학을 갔다. 귀국 후 잠시 부산에서 교직에 있다가 평양 진명여학교의 교장이 되었다. 당시 경영난으로 폐교될 처지에 있었던 평양 진명여학교는 조신성의 노력으로 되살아났다. 1919년에는 3·1 운동에 참여한 후 항일 무장 투쟁 단체 대한독립청년단을 조직해 총참모장으로 활동하였다. 여장군으로 통했던 조신성은 가슴에 육혈포, 탄환, 다이너마이트를 품고 변장을 해가며 군자금을 모아 부일 협력자들을 처단하였다. 그때 그의 나이는 40대 후반이었다.

1901년, 상동교회를 떠났던 차미리사는 헐버트 선교사의 소개로 중국에서 4년 동안 신학을 공부했다. 1905년에 미국으로 가서 대동교육회, 대동보국회, 한국부인회 등 교육 운동, 사회봉사 활동, 국권 회복 운동을 펼쳤다. 1910년, 강제 병합으로 국권을 상실한 뒤 여성 교육 사업으로 관심을 돌렸다. 그때부터 2년 동안 미국 남감리교가 선교사를 양성하던 성경 학교에서 공부한 후 1912년에 귀국하였다.

귀국 후 남감리교 배화학당에서 교사 겸 기숙사 사감으로 근무하다 3·1 운동 후 본격적으로 여성 교육 운동에 뛰어들었다. 1920년, 조선여자교육회를 창립하고 부인 야학 강습소를 설치하였고, 2년 뒤 조선여자교육협회로 이름을 바꾸었다. 1923년에는 부인 야학 강습소를 근화학원으로 바꾸고 야학뿐 아니라 주학도 병설하였다. 1925년, 근화학원은 초·중등 과정의 정규 교육 기관인 근화여학교로 인가 받았다.

다른 여성 교육 운동가와 달리 차미리사는 "남편에게 버림받은 여성, 과부, 천한데서 사람 구실을 못하는 여성, 눈 뜨고도 못 보는 무식한 여성"[22]을 교육하였다. 신여성이 아닌 구여성을 위한 교육이었다. 그래서 차미리사가 세운 여학교는 소박데기 여학교라는 별명을 얻기도 했다. 근화여학교는 여성들이 포기하지 않고 끝까지 다닐 수 있도록 입학 연령과 시기에 제한을 두지 않았다. 소박데기 신세를 벗어나도록 교육 내용도 여성의 경제적 자립을 위한 직업 교육에 맞추었다. 1935년에 근화여학교는 3년제 근화여자실업학교로 인가 받았다.

차미리사가 신여성보다 구여성에게 관심을 가진 것은 자신이 구여성으로서 청상과부 섭섭이의 삶을 살았기 때문이다. 차미리사는 조선의 모든 섭섭이들이 교육으로 눈을 뜨고 자립할 직업을 가져 자신의 삶을 살기를 바랐다. 그는 여성의 경제력과 독립성을 중시했기에 재정을 확충하는 방식도 남달랐다. 여성으로만 구성한 순회 강연단을 조직하여 전국을 누볐다. 배움과 변화에 목마른 여성들이 몰려왔다. 청년 단체, 언론사, 지역 유지 들은 차미리사의 혁신적인 방식과 구여성의 적극적인 호응을 보고 앞다투어 지원하였다. 유명 인사들은 무보수로 강의를 하고 학교 운영비를 주선했다.

차미리사는 개신교 신자였지만 외국 선교회에 기대지 않았다. 다른 개신교 여성 운동가들이 미국 선교회에 편지를 보내 경제적인 도움을 호소할 때 차미리사의 방식은 '우리 문제는 우리 힘으로!'였다. 이것도 직접 경험한 외국 생활이 영향을 미쳤다. 미국에서 인종 차별을 받고 선교사의 우월 의식과 차별적인 언사를 목격하면서 서양과 서양인을 달리 보게 되었다. 그런 경험이 투영된 주체성과 자립정신은 근화여학교의 교훈에 고스란히 녹아있었다. 이 교훈은 근화여학교의 후신인 덕성여자대학교의 창학 이념이 되었다.

　살되, 네 생명을 살아라!
　생각하되, 네 생각으로 하여라!
　알되, 네가 깨달아 알아라!

조선 여자의 지위 향상과 단결을 주장하오

Space #4_ 세브란스병원 간호부 양성소
Woman #4_ 정종명

세브란스병원 간호부 양성소

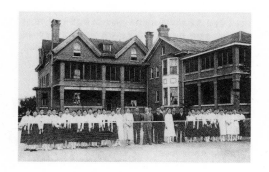

"도수 훈련과 장관 연설이 있으니 10시까지 맨손으로 훈련원에 집합하라!"

1907년 8월 1일 뜬금없는 명령에 대한제국 시위대 장병들은 동대문 밖 훈련원(오늘날 국립 의료원 자리)에 긴급 소집되었다. 영문도 모른 채 도열한 장병들에게 날벼락이 떨어졌다.

"조선의 국력이 부족하므로 일단 군대를 해산한다. 군인들에게는 일시금을 지불한다. 후일에 징병제를 편다."

얼마 전 일제는 헤이그 특사 사건을 구실로 고종을 강제 퇴위시켰다. 새로 순종을 등극시키고, 한일 신협약을 체결하였다. 이제 껍데기만 남은 나라의 군대마저 없앨 차례. 이토 히로부미와 친일파는 순종을 협박하여 황제의 칙명으로 군대 해산을 발표하였다. 어느새 훈련원은 중무장한 일본군으로 포위되었다. 대한제국 장병들의 군모가 벗겨지고 견장이 뜯겨 나갔다.

비슷한 시각, 서소문 근처 시위대 병영에서 총성이 울렸다.

군대 해산 소식을 미리 들은 제1연대 제1대대장 박승환이 '대한제국만세'를 외친 후 차고 있던 권총으로 자결하였다.

"군인으로서 나라를 지키지 못하고 신하로서 충성을 다하지 못하면 만 번 죽어도 아까울 것 없다."

박승환이 남긴 유서는 분노에 찬 장병들에게 반일 무장 투쟁의 도화선이 되었다. 박승환 휘하의 연대와 인접한 제2연대 제1대대는 군대 해산을 거부했다. 무기고를 부수고 무장 봉기하여 서소문과 남대문 일대에서 일본군과 처절한 시가전을 벌였다. 대한제국 군인은 병력과 화력에서 모두 압도적으로 우세한 일본군과 맞서 완강하게 저항했다. 70여 명이 전사하고 100여 명이 부상을 당했으며 500여 명이 포로가 되었다.

가장 치열한 전투가 벌어진 남대문 근처에 세브란스병원이 있었다. 기관총으로 무장한 일본군에 대적하다 부상을 당한 군인들이 세브란스병원으로 이송되었다. 부상자로 아수라장이 되어 정신없이 움직이는 의료진 사이에 고요한 무리가 있었다. 위급 현장에서 가장 바빠야 할 간호부들이 손 놓고 구경만 하고 있었다. 그것을 본 세브란스병원장 올리버 에비슨(Oliver R. Avison)은 한숨을 토했다.

'역시 20년이란 말인가.'

1903년 보구여관이 간호원 양성소를 설립한 후 1906년 세브란스병원도 간호부 양성소[23]를 개설하였다. 보구여관은 감리교, 세브란스병원은 장로교로 교파는 달랐지만 전문성과 폭 넓은 경험을 위하여 수업과 임상 실험, 수술실 등을 공유하였 다. 간호사의 교육 기간은 보구여관이 6년이었고, 세브란스병 원은 처음에는 3년과 6년 두 과정으로 운영하다가 견습 기간 3개월을 포함한 3년 3개월 과정으로 변경되었다.[24]

입학생은 첫해에 2명, 1907년에 5명, 1908년에는 7명이었 다. 지원자가 적은 것은 보구여관 간호원 양성소와 같은 이유 였다. 당시 여성은 집안에 갇혀 생활하다시피 했고 조혼 풍습 과 직업여성에 대한 편견과 천시 때문이었다. 결혼도 안 한 처 녀가 가족이 아닌 남자를 간호하는 것은 개화한 집안에서도 펄쩍 뛸만한 일이었다. 그런 사정을 아는 일부 선교 병원은 처 음부터 과부나 남자를 간호부로 두었다.

설령 여성 간호부를 구해도 남녀유별을 운운하면서 남성 환 자를 피하였다. 그나마 보구여관은 여성 전용 병원이라서 여 성과 어린이 환자를 상대했지만, 세브란스병원은 남성 환자가 훨씬 많은 종합 병원이었다. 의료 선교사는 일손이 딸리는 상 황에서 간호부가 남성 환자를 피하니 답답하기 짝이 없었다. 선교사들은 속 터져 하며 조선의 여성 간호부가 남성 환자를 돌보려면 최소한 20년은 걸릴 거라고 말했다.

에비슨은 신음하는 군인들 저편에서 우두커니 서 있는 간호 부를 보며 체념하고 있었다. 그 순간 간호부 한 명이 후다닥 뛰

쳐나왔다. 잠시 후 다른 간호부도 너도나도 따라 나섰다. 병원의 간호부만이 아니었다. 부상병 소식을 들은 여학교 학생들이 세브란스병원으로 달려왔다. 그들은 밤을 새우고 날을 이어가며 부상병을 간호했다.

"시집도 안 간 처녀가 어디 외간 남자를!"

어느 누구도 그런 말을 하지 않았다. 사람 목숨이 왔다갔다하는 상황이 되자, 간호부는 처음으로 남성 환자를 사람 환자로 보았다. 생명과 민족에 대한 절실함이 케케묵은 인습을 눌렀다. 최소한 20년이 걸릴 거라던 선교사의 편견은 무색해졌다. 그날 이후 여성 간호부는 더 이상 남성 환자를 피하지 않았다. 남성 환자를 남성이 아니라 자신이 돌봐야 할 환자로 인식하기 시작했다.

"그래서, 현재 가진 돈이 얼마입니까?"

캐나다 건축가 헨리 고든(Henry B. Gorden)이 질문했다.

"… 한 푼도 없습니다."

제중원 원장 에비슨은 잠시 뜸을 들였다가 차분한 목소리로 대답했다.

"허 참, 이거야말로 수레를 말 앞에 매어 놓은 격이 아닙니까. 투자할 금액을 알아야 건물의 규모와 양식을 결정할 수 있습니다."

고든은 어이없어 하면서도 미소를 지었다.

"저는 먼저 견적을 받은 다음에 건축 기금을 모을 계획입니다. 병원 규모는 40병상 정도면 됩니다. 극동 코리아에 현대식 병원을 지으려면 생각지도 못한 문제가 발생할 텐데, 자재 구입부터 시공 방법 등 공사 기간과 비용에 미칠 여러 문제를 감안해야 할 겁니다."

돈 한 푼 없이 먼 동양에 서양 병원을 짓겠다니. 황당한 소리가 아닌가. 그러나 에비슨의 목소리는 다부지고 자신감이 넘쳤다.

고든은 말없이 맞은편 벽면을 쳐다보았다. 에비슨도 등을 돌려 고든의 눈길이 머문 벽으로 갔다. 벽에는 캐나다 온타리오주 건축가 협회 휘장과 고든이 설계한 교회 투시도가 나란히 걸려 있었다. 고든은 온타리오주 건축가 협회 회장을 지냈고 장로교 교인으로 교회 건축 전문가였다. 건축가 협회 휘장에는 건물 그림 위로 깊게 패인 글씨가 있었다.

Design With Beauty, Build With Truth.

에비슨은 자신에게 필요한 건축가를 제대로 찾아왔다고 생각했다.

"그 말은 나의 신념이기도 하지요. 좋습니다. 병원 설계를 하겠습니다. 그런데 조건이 있습니다. 설계비는 무료입니다. 그것으로 나는 그 병원의 첫 번째 기부자가 되는 겁니다."[25]

에비슨은 믿기지 않는 듯 고든의 얼굴을 뚫어져라 쳐다보다가, 고든의 두 손을 움켜잡고 힘차게 흔들었다. 조선에서 보낸 6년의 세월이 주마등처럼 에비슨의 눈앞을 스쳐 갔다.

1893년, 에비슨은 캐나다 토론토 의과대학 교수직을 사임하고 장로교 의료 선교사로 조선에 왔다. 알렌, 헤론, 빈턴에 이어 제4대 제중원 원장으로 부임했을 무렵 제중원은 존폐의 기로에 있었다. 제중원은 1885년에 개원한 한국 최초의 근대식 서양 병원이었다. 설립 과정부터 알렌의 역할이 컸지만, 어디까지나 조선 정부가 개원한 병원이었다. 윌리엄이 감리교 선교 부지에 감리교의 재정으로 운영하는 시병원 같은 선교 병원이 아니었다.

제중원은 정부의 재정 지원과 보호로 운영되었기 때문에 자유로운 선교 활동과 독자적인 병원 운영을 할 수 없었다. 안정적인 운영이냐, 독자적인 운영이냐를 놓고 선교사들 사이에서 마찰이 일어났다. 간접 선교를 주장하는 선교사는 의료 사업으로 조선 사람의 마음부터 얻어야 한다고 했다. 직접 선교를 주장하는 선교사는 선교의 본질인 개종에 집중하자고 했다.

직접 선교의 강경파인 빈턴이 제중원을 맡으면서 제중원 운영과 선교 문제로 조선 정부와 대립하는 일이 잦아졌다. 그 결과 제중원의 병원 기능은 중단되고 약국만 겨우 운영하게 되었다. 빈턴 후임으로 온 에비슨은 난국을 타개하기 위하여 미국 공사관을 통해 조선 정부와 협상을 벌였다.

1894년 동학 농민 운동, 청일 전쟁, 갑오개혁 등 내우외환에 몰린 조선 정부는 미국 장로교에게 제중원의 운영권을 넘겼다. 이참에 에비슨은 여러 채의 한옥으로 분산되어 있는 제중원을 서양식 병원으로 새로 짓고 싶었다. 그러나 선교회는 그럴만한 자금이 없었고, 자금이 있어도 정부 소유인 제중원을 헐고 새 건물을 지을 수는 없었다. 현실적으로 그저 달콤한 꿈에 불과했지만 에비슨은 쉽게 포기할 수 없었다.

1899년, 안식년을 맞은 에비슨은 병원 신축 문제를 캐나다와 미국에서 추진해보기로 했다. 맨 먼저 찾아간 곳이 캐나다 토론토에 있는 고든의 건축 사무소였다. 뜻밖에도 고든은 재능 기부로 병원 신축의 첫 장을 순조롭게 열어 주었다. 두 번째 행운은 1900년 뉴욕 카네기 홀에서 개최된 세계 선교 대회에서 만났다. 그곳에서 발표한 내용은 장차 조선에서 교파를 초월한 연합 병원을 지어 의료 선교의 성과를 높이겠다는 것이었다. 게다가 에비슨은 고든이 기부한 병원 설계도까지 가지고 있었다. 교파 연합이라는 비전과 설계 도면까지 준비한 치밀함에 감동한 미국의 자선 사업가 루이스 세브란스(Louis H. Severance)는 에비슨에게 통 큰 기부를 약속하였다.

얼마 후 조선으로 돌아와 남대문 밖 복숭아골(오늘날 서울역 건너편)에 1만 2천여 평의 대지를 매입하였다. 머릿돌을 놓는 정초식은 1902년 11월에 열렸다. 건축 책임자는 고든, 시공은 중국인 해리 장(Harry Chang, 張時英)이 맡았다. 해리 장은 미국 공사관에서 일하면서 영어를 배우다가 외국인 주택 공사에 참여하면서 건축을 배웠다. 건축 회사를 차린 후 천도교 중앙대교당, 새문안교회, 정신여학교 본관, 기독교서회 등을 공사했다. 고든은 세브란스병원, 승동교회, 경신학교, 새문안교회, 종교교회, 정신여학교 본관 등을 설계했다.[26]

병원 신축이 첫 단추부터 술술 잘 풀리는 듯싶더니 덜컥 걸림돌이 나타났다. 공사 중에 러일 전쟁이 일어났다. 건축 자재 값이 폭등하는 바람에 해리 장은 파산 지경에 몰려 공사를 포기했다. 설상가상으로 전쟁 중이라 난방과 배관 설비 기술자도 구할 수 없었다. 결국 고든과 에비슨, 세브란스 의학교 학생 김필순이 직접 시공했다.

우여곡절 끝에 1904년 9월 23일 오후 5시에 봉헌식이 열렸다. 총 공사비는 25,000달러로, 모금부터 완공까지 4년이 걸렸다. 반지하층이 있는 2층 붉은 벽돌 건물은 중세 시대 어느 성에 나옴직한 팔각형 탑 위로 뾰족한 지붕이 높다랗게 솟아 있었다. 새 병원은 기부자의 이름을 따서 세브란스기념병원(이하 세브란스병원)이라고 지었지만, 조선 사람들은 입에 익은 대로 제중원이라고 불렀다. 에비슨은 제중원 제4대 원장에서 세브란스병원 제1대 원장이 되었다.

최첨단 의료 시설을 갖춘 세브란스병원이 완공되자 에비슨은 한동안 중단되었던 의학 교육을 재개했다. 1908년 6월에 첫 졸업생 7명이 나왔다. 제중원에서 의학 교육을 시작한 지 22년 만에 이룬 결실이었다. 독립운동가 김마리아의 삼촌이자 김규식의 처남인 김필순, 백정 출신의 박서양 등 졸업생들은 항일 독립 운동과 교육 운동에 투신하였다.

2년 후에는 세브란스병원 간호부 양성소에서도 첫 졸업생이 배출되었다. 제1회 졸업생은 김배세 단 한 명이었다. 한국 최초의 여의사 박에스더의 동생이었다. 김배세는 세브란스병원 간호부 양성소에 입학하기 전부터 4년 이상 보구여관과 평양 광혜여원에서 박에스더의 조수로 일했다. 간호부 양성소를 졸업한 후에는 세브란스병원과 평양 기홀병원에서 간호부장으로 활약했다. 세브란스병원은 계속 확장되어 1913년 세브란스 연합 의학교 건물이 신축되었다. 중국 개항장에서 흔히 볼 수 있는 영국 빅토리아 시대 스타일로, 지하 1층, 지상 4층 건물이었다. 특히 4층 해부학실과 암실은 3·1 운동 때 몰래 등사기를 반입해 신문을 만들고 숨긴 장소였다.

간호부 양성소는 창립될 당시 세브란스병원 건물 안에 있었다. 10년 뒤에야 미국 북장로교의 기부로 새로 교사를 지었다. 그 해 세브란스 연합 의학교가 조선 총독부의 인가를 받아 사립 세브란스 연합 의학전문학교가 되면서 간호부 양성소도 세브란스 연합 의학전문학교 부속 간호부 양성소(이하 간호부 양성소)로 바뀌었다. 신축한 간호부 양성소는 고든이 설계한 세브란스병원과 선교사 사택 단지 사이에 있었다. 위치로 보면 전체 대지의 중간 부분이라서 간호부가 병동에 가기 편했고 휴식이나 사생활 보호에도 좋았다.

간호부 양성소는 경사지에 붉은 벽돌로 지은 4층 규모의 양옥이었다. 서양식 방화 벽돌로 두 채를 지어 ㄱ자 모양으로 배치하였다. 총 190여 평으로 간호학생 100여 명이 생활할 수 있는 기숙사를 겸한 교사였다. 강의실, 소강당, 도서실, 오락실, 기도실 등도 있었다. 독립적인 교사가 세워진 1917년까지 간호부 양성소를 졸업한 학생은 총 18명이었다.[27]

결핵병사, 경성부민기념 전염병실, 80개의 병상을 갖춘 병동, 부인 병동, 치과 병동 등도 계속 세워졌다. 세브란스병원은 그야말로 최신식 위생 설비와 최첨단 의료 장비를 갖춘 종합 병원이었다. 건물 전체에 전기, 급수, 난방이 안정적으로 공급되었고, 채광, 통풍, 온도 조절도 가능했다. 실험실마다 최신 장비도 구비했다. 목욕실, 세탁실, 화장실, 상하수도 등 인프라 시설로 병원 위생을 획기적으로 개선했다.[28] 건물 형태는 준공 연도가 뒤로 갈수록 서구 고전풍에서 단순한 형태와 기능 위주의 모더니즘 건축으로 바뀌어갔다. 실내 공간은 효율적인 동선과 위생 설비에 집중하여 병원의 기능에 충실했다. 아프면 무당을 찾아 굿을 하고 전염병이 돌면 쥐 때문이라며 대문에 고양이 그림을 붙여놓던 시절이었다.

정종명은 곰보였다. 성장기에 천연두를 앓아서 얼굴에 곰보 자국이 남았다. 그래서 별명이 정곰보였다. 사람들은 정곰보의 얼굴이 슬기롭고 보기 좋게 얽은 얼굴이라고 여겼다. 그만큼 평판이 좋았다. 정곰보는 사회 운동가의 회합마다 빠지지 않았고 그때마다 총알 같은 말들을 쏟아냈다.[29]

여느 사회 운동가와 달리 정종명은 사회 운동과 전문직을 오가는 투잡족이었다. 정종명의 생활 철칙은 경제적인 자립이었고, 경제력을 갖기 위해 선택한 직업은 간호부였다. 1917년 간호부 양성소에 입학했을 때 정종명은 아들 하나를 둔 지독하게 가난한 스물두 살의 청상과부였다.

정종명은 1896년 남산 장충단 부근에서 태어났다. 정종명의 표현대로라면 '가난과 고독과 학대로 다져진 최하층' 출신이었다.[30] 아버지는 일찍이 러시아로 떠난 후 연락이 끊겼고 어머니는 북감리교 전도 부인이었다. 정종명은 열한 살 때 남 감리교 배화학당에 들어갔지만 학비가 없어 4년 만에 그만두 었다. 열일곱 살에 집안의 결정을 따라 대한의원 통역이던 박 씨와 결혼한 후 열아홉 살에 아들을 낳았다.

당시로는 평범하고 무난한 결혼 생활이었다. 보통 사람이라 면 그게 인생이려니 살았겠지만 자의식이 강한 정종명은 달랐 다. 자신의 의사와 개성이 무시되는 결혼 생활을 견딜 수 없었 다. 그래서 모든 비난을 무릅쓰고라도 이혼을 하겠다고 결심 했다. 그렇게 적당한 기회를 엿보던 중 남편이 갑자기 병으로 죽었다.

남들 같으면 아들이 있으니 시집을 언덕 삼아 살았을 텐데 정종명은 또 달랐다. 아들을 데리고 친정으로 돌아갔다. 한때 이혼까지 생각했기에 청상과부의 비애는 없었다. 대신 전도 부인의 조수가 되어 성경을 옆에 끼고 가정집과 거리를 활보 하였다.

그런데 정작 정종명의 심장을 뛰게 만든 것은 기독교가 아 니라 사회주의였다. 정종명은 전도 부인의 조수 생활을 청산 하고 간호부 양성소에 들어갔다. 재덕을 겸비한 그리스도인 간호부 양성이 목적인 곳에서 정종명은 서양 근대 자연 과학 과 의학을 공부하며 사회주의 변혁을 꿈꾸는 간호학생의 삶을 시작하였다.

⟨그림⟩

1919년 3월 5일 오전, 남대문 정거장(염천교 아래 10평짜리 목조건물, 서울역의 시초) 앞은 학생 들의 만세 소리로 들끓었다. 근처 세브란스병원 간호부 11명은 붕대를 가지고 군중 속으로 들어갔다. 이화, 배화, 정신 여학교 학생들은 세브란스병원으로 달려갔다. 12년 전 군대 해산 때처럼 부상자를 돕기 위해서였다.

1907년 군대 해산 사건이 여성 간호부가 남성 환자를 외간 남자가 아닌 환자로 인식하게 된 계기였다면, 1919년 3·1 운동은 여성 간호부가 전문성을 발휘하여 항일 운동에 참여하는 기회였다. 여학교 졸업 예정자들은 세브란스병원에서 부상자 치료를 돕다가 자연스럽게 견습 간호부가 되었다. 3·1 운동에 참여한 간호부는 항일 여성 단체 혈성단 애국부인회와 대한민국 애국부인회로 활동을 넓혔다.

당시 간호부 양성소 학생이었던 정종명은 병원 안에서 일을 도모했다. 일본 경찰의 눈을 피하려고 위장 입원한 시위 연락책이 외부와 연락할 수 있도록 도왔다. 세브란스병원 약제실 주임이자 민족 대표 33인 중 한 명인 이갑성의 서류를 맡아두었다가 경찰에 잡혀 고초도 겪었다. 정종명이 몸으로 겪은 경험은 정신적인 맷집으로 다져졌다. 저항 의식은 파릇하게 날을 세웠고, 사회 운동을 향한 의지는 단단해졌다.

졸업이 얼마 남지 않은 어느 날, 정종명은 기숙사를 둘러보았다. 간호학생 기숙사는 간호부 양성소 맨 위층에 있었다. 서양식으로 꾸민 침실은 두세 명씩 사용했고, 사람 수대로 침대와 책상이 있었다. 난방은 온돌이 아니라 전기난로였다.[31]

정종명은 책상에서 일어나 창가로 갔다. 창 너머로 서양식 병원 건물이 보였다. 불과 3년 전만해도 전도 부인을 따라다니던 조수였는데, 이제는 간호부라니. 과거는 아득했고 현재는 실감 나지 않았다. 따지고 보면 세브란스병원과 간호부 양성소도 자신의 태생과 어울리는 환경은 아니었다. 그런데도 지금은 이 이국적인 환경을 지배하는 서구 문화와 근대의 규율이 맞춤옷처럼 자신의 의식에 착 달라붙어 있었다.

간호부 양성소에서 보낸 3년 3개월 동안 자신이 나고 자란 사회에서 보지도 듣지도 못한 지식과 생활 방식을 익혔다. 일어와 영어는 물론이고, 실용 간호학, 해부학, 생리학, 세균학, 약물학, 붕대법, 산과학, 구급법, 화학 등 서양의 자연 과학과 의학을 배웠다. 그것도 가난한 청상과부가 아들을 친정에 맡겨놓고 기숙사 생활까지 해가며 말이다. 남녀유별의 조선 사회에서 가당치도 않은 일을 해냈다.

정종명은 문을 열고 복도로 나갔다. 계단을 내려가서 식당 입구에 섰다. 매일 서너 번 4, 50명씩 모여 식사를 했던 곳이었다. 음식은 조선식이지만 한 테이블에 빙 둘러앉아 먹는 모양새는 서양식이었다. 풍금이 있는 음악실, 기도실, 도서실, 소강당, 응접실, 강의실, 실습실, 세탁실, 층마다 있는 목욕실에서 서양의 생활 방식을 배웠고 동료애도 쌓았다. 간호부 양성소에서 간호학생에게 매달 주는 용돈도 받았다. 용돈보다 더 짜릿한 기억은 매달 제공되는 목욕 비누 1개와 세탁 비누 반개였다. 목욕 비누의 기막힌 냄새와 양잿물이 필요 없는 세탁 비누는 아주 사소하면서도 끈질기게 서양을 동경하게 만드는 문명의 냄새였다.

그러나 세상에 공짜는 없는 법. 기숙사는 엄격한 규칙으로 통제되는 공간이었다. 오전 6시에 일어나서 밤 10시에 소등할 때까지 일과표에 따라 시곗바늘처럼 움직여야 했다. 간호부 양성소가 입학생에게 손목시계를 필수품으로 줄 정도로 빡빡한 일상이었다. 간호부 양성소 소장과 기숙사 사감의 허락 없이는 외출도 할 수 없었다. 종교 생활도 철저했다. 매일 아침 기도회가 있었고, 기숙사에서 기독교 청년회, YWCA 모임도 있었다. 병원 구내에 있는 남대문교회 주일 학교와 여름 성경 학교, 교회 찬양 대회에도 참여해야 했다.

병원 생활은 더 힘들었다. 조상 대대로 해 뜨면 일하고 해지면 쉬거나 자는 생활을 하던 사람들이 24시간 돌아가는 병원에서 산천초목이 다 자는 밤중에 일할 때면 죽을 맛이었다. 월급은 적은데 노동 시간은 길고 노동 강도는 셌다. 남의 죽음을 보는 것도 힘들었고 전염병에 옮을 까봐 두려웠다. 조선인에 대한 선교사의 우월감과 차별 의식은 밖에서는 볼 수 없는 불편한 진실이었다. 친일파 선교사가 조선인을 얕잡아 볼 때는 속으로 열불이 났다.

백의의 천사는 하늘에나 있는지, 지상의 병원에서 간호부는 갑질의 대상이었다. 의사는 간호부에게 종이나 다름없는 대우를 했고, 환자는 걸핏하면 인격적인 모욕과 성희롱을 해댔다. 남들은 간호부를 숭고한 직업이라고 쉽게 말하지만, 당사자들은 창자가 끊어질 만큼 서러운 직업이라고 하소연했다.[32]

고름이 곪으면 터지기 마련이다. 가만히 있을 정종명이 아니었다. 정종명은 간호부의 대우 개선을 위하여 동맹 휴학을 일으켰다. 세브란스병원뿐만 아니라 여러 병원에서 간호사의 집단 파업과 간호 학생의 동맹 휴학이 일어났다. 간호부들이 공통적으로 요구하는 사항은 처우 개선과 민족차별 철폐였다. 1932년에는 세브란스 산파 간호부 양성소 1학년 학생 모두가 노예제 교육 반대, 봉건적인 규칙 타파, 간호사의 인격 존중 등을 요구하며 동맹 휴학을 일으켰다. 간호부 양성소는 전원 퇴학이라는 간단한 방식으로 대응했다. 그래서 한동안 기숙사한 층이 텅텅 비어 있었다.

1920년 정종명은 간호부 양성소를 졸업하고 세브란스병원 청상과부에서 간호부가 되었다. 이제 경제적인 기반을 마련했으니 한 발짝 더 내디뎌볼까? 정종명은 간호부를 하면서 사회 운동에 참여하고 싶었다. 역설적이게도 바로 그 욕망 때문에 얼마 못가 세브란스병원을 떠나야 했다.

돈도 필요했지만 시간도 필요했다. 24시간 운영하는 세브란스병원에서 일을 계속 하려면 사회 운동은 접어야 했다. 간호부 경력을 살리면서 밥벌이를 하고 사회 운동도 할 수 있는 방법을 고민하다 세브란스병원을 그만두고 개인 병원으로 옮겼다. 그곳에서 간호부로 일하면서 조선 총독부 의원 산파 강습소에 다녔다. 세브란스병원은 아직 산파 강습소가 없을 때였다.

산파를 선택한 이유는 산파 보수가 간호부보다 많았고, 산파 면허를 따면 조산원을 차릴 수 있었기 때문이다. 출산을 돕는 산파 일은 정해진 근무 시간이 따로 없어서 움직이기에도 자유로웠다. 정종명은 1년 과정의 조선 총독부 산파 강습소를 마친 후 산파 면허를 따고 안국동에 조산원을 개업했다. 경제적인 발판을 마련했으니 이제 본격적으로 사회 운동에 뛰어들 차례였다.

정종명이 1922년에 처음 한 일은 여자 고학생 상조회 조직이었다. 이름 그대로 여자 고학생이 학업을 계속 할 수 있도록 돕는 단체였다. 자신이 최하층 여자로 태어나 어렵게 공부했기 때문에 힘없고 돈 없는 사람일수록 교육이야말로 희망이라는 믿음이 있었다.

정종명은 여자 고학생 상조회를 운영하기 위해 산파 수임료 외에 전국 각지로 순회 강연을 다니며 입장료와 후원금을 모았다. 뛰어난 논리와 열정적인 연설로 가는 곳마다 열렬한 호응을 받으며 여자 고학생 상조회를 널리 알렸다.

1924년에는 조선간호부협회를 창립하였다. 안으로는 조선인 간호부들을 결속하고, 밖으로는 대중에게 보건 교육을 실시하는 단체였다. 병원에서 간호부가 파업을 하면 진상을 파악하고 중재하는 일도 했다. 같은 해에 사회주의 여성 해방 운동 단체인 조선여성동우회도 창립했다. 1927년에는 좌우 합작으로 이루어진 신간회와 근우회 창립에 기여했고 두 곳에서 중앙 집행 위원장에 선출되었다. 정종명은 사회주의자였지만 민족주의 계열과도 폭넓게 활동하였다.

어떤 조직에 있든 정종명의 이름을 날린 것은 대중 강연이었다. 강연 제목은 현대 사회와 부인, 여성으로 본 남성, 빈자와 여성, 우리의 급무는 교육, 현대 사회와 무산 여성, 현대 경제 조직과 여성 해방, 현 사회 제도와 여성 해방, 여성 해방의 목표, 여성의 반역, 현대 사조와 조선 여성, 여권 확장, 현 사회 제도와 여성 해방 운동, 부인 운동의 본질, 조선 여성의 과거와 현재, 조선 여자의 지위 향상과 단결, 노동 운동과 여성 등이었다.

이런 내용을 보기 좋게 얽은 얼굴로 총알처럼 쏟아내며 대중을 휘어잡았다. 경찰은 강연회마다 배석해 강연을 제재하거나 중지시켰다. 정종명은 경찰에 항의하다가 경찰서에 구금되는 일이 한두 번이 아니었다. 식민지 여성의 당당한 일화는 소문의 날개를 달고 더 많은 지지자를 끌어들였다. 최하층 청상과부에서 간호부를 거쳐 산파가 된 정종명은 1920년대 사회주의 여성 운동가로서 이름을 날렸다.

4월이지만 서대문 형무소 안은 서늘했다. 석양이 산머리로 뉘엿뉘엿 넘어갈 무렵 밖에서 다정하면서도 애련한 노래가 들렸다. 독방에 앉아 있던 김경재는 정신이 번쩍 들어 후다닥 일어나 똥통 뚜껑에 올라섰다. 벽돌 담장 너머 오솔길에 젊은 여성이 붉은 철쭉꽃을 한 아름 안고 노래를 부르고 있었다. 창살

가운데로 얼굴을 바짝 들이대자 여성은 김경재 쪽으로 얼굴을 돌리더니 안고 있던 철쭉꽃을 높이 들어 두어 번 흔들며 노래를 더 크게 불렀다. 간수에게 들킬까봐 발뒤꿈치를 잔뜩 치켜들고 내다보았다. 노래는 들려도 거리가 멀어서 누구인지 알 수가 없었다. 잠시 후 감옥 바깥을 순찰하는 그림자가 비치자 여성은 떠나가는 배를 향하여 인사하듯 손을 들어 두어 번 젓고는 사라졌다.

'누구일까?'

곰곰이 생각해봤지만 도무지 알 수 없었다. 분명한 것은 그날 밤 김경재의 마음은 무엇과도 비교할 수 없이 가볍고 따뜻했다.

이튿날 같은 시각에 또 그 노래가 들려왔다. 김경재는 벌떡 일어나 어제처럼 내다보았다. 이번에는 두 여성이 철쭉꽃을 안고 노래를 부르고 있었다. 그 짧은 시간 동안 더할 나위 없이 기분이 좋았다. 간수가 순찰하는 바람에 두 여성은 총총히 사라졌고, 누굴까 궁금해 하며 또 하룻밤을 보냈다.

사흘째 되던 날 저녁에도 담장 밖에서 아름다운 목소리가 은은하게 들렸다. 바깥을 내다보니 그날은 혼자 와서 꽃 대신 수건을 너울너울 저으며 노래를 부르고 있었다. 여성이 검은 겉옷을 벗어 아카시아 나무에 거는 순간, 분홍 저고리에 흰 치마를 입은 얼굴을 똑똑히 보았다. 그에게 그 사흘은 영원히 잊을 수 없는 옥중 생활의 로맨스였다.[33] 김경재는 한때 상하이 대한민국 임시정부 기관지 《독립신문》의 기자였다. 1926년 제 2차 조선공산당 사건으로 서대문 형무소에서 수감 생활을 했다. 그때 가장 감동을 받았던 일을 출옥 후 잡지 《삼천리》에 에 피소드로 실었다. 김경재에게 사흘간 로맨틱한 추억을 주었던 주인공은 바로 정종명이었다. 그때 정종명은 김경재와 동료들 이 감옥에 갇혔다는 말을 듣고 위로하러 갔던 것이다.

정종명의 화끈한 이미지와 어울리지 않는 이 에피소드는 정 종명의 뒷모습이기도 했다. 정종명은 오른손이 한 일을 왼손 도 모르게 동료의 옥바라지를 하고 병상을 지키고 장례식을 치렀다. 거기에 들어간 비용은 산파 일로 번 돈이었다. 간호부 양성소를 졸업하고 다시 배운 산파 일은 정종명의 생업이자 동지들의 밥이고 약이었다. 주변 사람들은 그를 모든 사회 운 동가의 누이이고 보모이며 어머니라고 불렀다.

1931년, 정종명은 조선공산당 재건 사건으로 검거되었다. 한 해 전에는 정종명의 아들이 노동자 각성을 촉구하는 격문 사건 주동자로 체포되어 수감되었다. 정종명은 형무소에서도 수감된 산모의 산바라지를 했다. 1935년 7월 26일, 정종명이 만기 출소하던 날, 서대문 형무소 앞에는 허정숙과 정칠성 등 동지들이 와 있었다. 그들은 말없이 서로를 부둥켜안았다.

4년 만에 나온 세상은 암울했다. 만주 사변이 일어난 후였

고 중일 전쟁이 일어나기 전, 침략 전쟁의 기운이 뻗치던 시절
이었다. 옥중 생활의 로맨스를 썼던 김경재는 이미 일제에 전
향했고 세상에 그런 사람들은 수두룩했다. 마흔 줄에 들어선
정종명은 수감 생활로 건강마저 잃었다. 옛 동료들이 조선을
떠나거나 조선에서 일제와 타협할 때 정종명은 경성에서 조용
히 산파 일을 했다. 그에 관해서는 간간이 바람결에 간도에서
봤다는 소문만 들렸다.

당당해야 삶이 바뀐다

Space #5_ 조선일보 & 동아일보
Woman #5_ 최은희 & 허정숙

"기회는 나는 새와 같으니 졸업을 기다릴 것 없이 우리나라 최초의 여기자로 이름을 날려 보라."

최초의 여기자! 얼마나 가슴 설레는 말인가. 스무 살 최은희는 그만 숨이 멎는 줄 알았다. 1924년, 최은희는 일본여자대학 사회사업학부 3학년이었다. 여름 방학을 맞아 고향 황해도 연백에 와 있던 중 허영숙의 편지 한 통을 받았다. 허영숙은 남편인 춘원 이광수의 말을 전하며 빨리 상경하라고 재촉하였다. 한국 최초의 여성 개업 의사인 허영숙은 최은희의 경성여자고등보통학교 선배로 도쿄에서 유학하는 동안 친분을 쌓았다. 최은희는 이번 귀국 길에도 경성에 있는 허영숙의 집에 들렀다가 고향으로 왔다.

이광수가 졸업을 기다릴 것도 없다고 했으니 분명 그만한 가치가 있을 터였다. 일본 유학을 다 마치고 귀국한 사람도 취직하기가 힘든 세상에, 여기자라니! 현대적인 직업도 탐이 났지만 우리나라 최초라는 타이틀에 더 욕심이 났다.

　그런데도 선뜻 결정할 수 없는 것이 왜 하필 조선일보란 말인가. 당시 경영난에 시달리던 조선일보는 친일파 송병준의 손에 넘어가 있었다. 송병준이 아니더라도 창간 때부터 친일 발기인과 경영진 때문에 이미 친일 신문으로 찍혔다. 최은희는 친일파라면 이가 부득부득 갈렸다. 경성여자고등보통학교 재학 중 3·1 운동에 참여해 구류를 살았고, 고향에 가서는 만세 운동을 주동하여 징역 6개월 집행유예 2년을 선고 받았다. 그 대가로 원래 계획했던 일본 유학조차 갈 수 없을 뻔했으나 황태자 이은의 가례 덕에 특사로 복권되어 유학을 가긴 갔다. 그런 최은희였으니 매국노 송병준이 사주가 된 조선일보가 꺼려질 수밖에 없었다. 나는 새와 같은 기회를 덥석 잡자니 꺼림칙했고, 그냥 놓아버리자니 미련이 남았다.

　그렇게 갈등을 거듭하고 있는데 허영숙이 또 독촉 편지를 보냈다. 최은희는 그것을 핑계 삼아 바람이나 쐴 겸 오락가락하는 마음도 붙잡아볼 겸 경성행 기차를 탔다. 달리는 기차 안, 휙휙 지나가는 풍경을 따라 마음 한구석에서 새로운 의문이 나풀나풀 일어났다.

　'조선일보가 친일 신문이라면 기사 내용은 왜 친일이 아닐까? 오히려 사설은 동아일보보다 더 배일적이고, 총독부에게 정간 처분을 받거나 압수된 기사 수도 더 많잖아. 혹시 정간과 압수가 친일 신문의 이미지를 벗기 위한 전략일까. 어쨌든 그동안 여러 번 사장이 바뀌었어. 송병준이 사주가 된 후 사주와 사장과 편집진의 목소리도 따로 놀고 있지. 그렇다면 앞으로 또 어떻게 될지 모른다는 얘기인데, 어쩌면 이 알 수 없는 상황에 희망을 걸어 볼 만하지 않을까.'

최은희의 얼굴에 엷은 미소가 피어올랐다. 어느새 기차는 염천교 부근 2층 목조 건물로 지은 남대문 정거장에 도착했다. 르네상스 양식으로 으리으리하게 새로 짓는 경성역은 내년에야 완공될 예정이었다. 남대문 정거장에는 이광수와 김도태가 마중 나와 있었다. 김도태는 이광수와 같은 고향 사람으로, 3·1 운동 민족대표 48인 중 한 명이었다. 최은희는 그들과 저녁 식사를 함께 한 후 이광수의 집에서 조선일보 편집국장을 만났다.

그로부터 보름쯤 지났다. 최은희가 이상한 행색으로 경성 시내를 돌아다니고 있었다. 옷은 땟국이 줄줄 흐르고 물큰물큰 코를 찌르는 냄새는 구역질이 났다. 발에 신은 헌 버선 짝은 굴뚝 쑤신 빗자루같이 새까맣게 더러웠다. 등에는 갓난아기를 업고 손에는 무청을 한 아름 들고 있었다. 거리에서 무청을 팔아보려고 했지만 사람들은 코를 싸잡고 피해 다니기 바빴다. 가는 곳마다 차디찬 눈길, 휘휘 내젓는 손, 끌끌 차는 혓소리가 나왔다. 최은희는 사람들의 냉대와 비애감에 소름이 쭉쭉 돋았다.[34]

3·1 운동 이후 일제는 이른바 무단 정치에서 문화 정치로 바꾸었다. 그동안 탄압을 받던 언론, 출판, 집회, 결사의 자유가 어느 정도 허용되면서 민간 신문 발행도 가능해졌다. 조선인 유지들이 조선 총독부에 제출한 신문 발행 신청서는 수십 건이었다. 1920년 1월 조선 총독부가 발행을 허가한 곳은 «조선일보» «동아일보» «시사신문»이었다.

일제강점기에 가장 오랫 동안 살아남은 신문은 «조선일보»와 «동아일보»였다. 일제강점기 양대 신문으로 경쟁 관계에 있었지만, 초창기에는 «조선일보»가 «동아일보»에 한참 밀렸다. «조선일보»는 창간호를 가장 먼저 냈지만 처음부터 경영이 순탄치 않았다. 창간 사옥은 종로구 관철동 249번지(오늘날 관철동 43-12)였다. 조선 시대부터 한옥이 밀집한 지역으로 대지 앞으로 청계천이 흘렀다. 사옥은 1800년대 초반 150여 평의 대지에 ㅁ자로 지은 기와집이었다. 사랑채가 편집국장실이고, 각 방이 취재 작업실이었다. 편집과 교정은 넓은 대청마루에서 했다. 한복을 입은 기자가 쪽지나 이면지, 한지 등에 기사를 썼고, 다 쓴 원고는 소쿠리에 수북이 쌓였다. 인쇄 시설도 없어서 «매일신보» 시설을 빌려 썼다.[35]

«조선일보»는 재정난으로 인해 계속 이사를 다녔고 경영진

도 자주 바뀌었다. 창간호를 낸 지 두 달이 채 안 되어 삼각동 71번지로 옮겼다가 이듬해 판권이 송병준에게 넘어가면서 수표동 43번지로 다시 이사했다. 매국이라면 이완용과 쌍벽을 이룬 송병준에 대한 기존 편집진의 반발은 완강했다. 결국 송병준은 물러났고, 1924년 9월 신석우가 판권을 가지면서 혁신이 시작되었다. 신석우는 1919년에 상하이 임시정부 교통 총장을 지냈던 인물로, 민족주의자 이상재를 사장으로 추대하고 자신은 부사장이 되었다.

편집진도 새로 바꾸었다. «동아일보»에서 신문의 귀재로 불렸던 이상협을 영입해 편집 고문 자리에 앉혔다. 새로운 편집진은 민족지 색채가 드러나도록 지면 구성을 대폭 쇄신하였다. 그 결과물은 1924년 10월 3일 «조선일보» 혁신호로 발간해 전국에 10만부를 무료 배포하여 새로운 변화를 대대적으로 알렸다.[36] 여기자를 채용한 것도 그 혁신의 일환이었다. 이광수는 최은희에게 우리나라 최초의 여기자라고 했지만, 사실 최초의 여기자는 이미 있었다. 1920년 «매일신보»가 처음으로 공개 채용한 이각경이었다. 이각경이 최초의 여기자로 주목을 받지 못한 것은 «매일신보»가 총독부 기관지였기 때문이다. «매일신보»는 1920년에 민간지가 발행되기 전까지 유일한 한글 신문이었다. 조선인 기자가 한글로 기사를 쓰고, 조선인 문학가가 쓴 작품도 연재되었다. 그럼에도 총독부 기관지라는 이유로 사람들은 «매일신보»를 우리나라 신문으로 쳐주지 않았다.

민간 신문사나 잡지사는 남기자든 여기자든 대부분 지연, 학연 등 인맥으로 뽑았다. 여기자의 학력은 거의 전문학교 이상으로 남기자보다 높았다. 그런데도 신문사마다 여기자는 한 명만 두었고, 업무 부서도 오늘날 문화부에 해당하는 학예부였다. 여기자는 일본 통신사에서 보내온 기사를 번역하는 일을 했다. 직접 기사를 쓰더라도 가정 탐방이나 가정 생활 개선 방법 등 현모양처를 만드려는 내용 뿐이었다. 여기자는 취재하고 보도를 할 기회가 적고 활동 영역도 좁다보니 근무 기간이 짧았다. 잡지사 여기자의 상황은 더 심각했다. 기사를 작성하기보다 여성임을 내세워 원고 청탁을 맡기거나 가정 방문을 시켜 홍보를 하게 했다. 남기자보다 학력이 더 높은 여기자는 내적 갈등이 커질 수밖에 없었다.

동료 남기자의 의식도 문제였다. 여기자는 여자다운 구석이 있어야 취재가 쉽다, 글을 잘 쓰건 못 쓰건 말이나 고분고분 잘 들어주면 된다, 여성 독자를 늘리기 위한 생색용이니 한 명만 채용하면 된다는 등, 그렇게 내부의 적이 더 문제였다. 여기자를 보는 대중의 인식도 만만치 않았다. 여기자가 쓴 기사 내용보다 여기자의 사생활과 외모가 관심거리였다. 여기자라면 아니 땐 굴뚝에서도 연기가 날 지경이었다. 걸핏하면 엉뚱한 소문에 휩쓸려 자신도 모르게 일탈과 불륜의 여주인공이 되어 있었다. 얼토당토않은 괴소문에 무너지고 신경과민에 시달리는 여기자들이 생겼다. 철저히 남성 위주였던 언론사에서 여기자를 부르는 이름은 따로 있었다. 화초 기자!

꼬질꼬질한 행랑어멈 행색을 한 최은희가 부리나케 들어간 곳은 조선일보 수표동 사옥이었다. 그 주변으로 편집부 기자들이 모여들었다.

"용케 안 잡혔나봐?"

"종로에서 들킬 뻔 했지요. 다행히 잡히진 않았지만."

편집국장의 질문에 최은희가 대답했다. 언제 왔는지 모르게 사진사가 와서 넓적한 집게를 높이 쳐들었다. 펑! 불빛이 번쩍하더니 폭약 냄새가 코를 찌르고 흰 연기가 흩어졌다.

"앙!"

등에 업힌 아이가 잠결에 놀라 울음을 터트렸다. 최은희는 손을 뒤로 돌려 아이의 엉덩이를 두드리며 안쪽으로 사라졌다.

"변장 한 번 기막히게 했네. 냄새까지 정말 사람 죽이는군. 저 아이는 또 어디서 데려온 거야?"

사진사가 공기 중에 퍼지는 연기를 멀거니 보며 말했다.

"어, 그 애? 춘원 선생집 아이를 잠시 빌렸지. 역시 춘원 선생 말대로 최은희는 배짱과 수완이 대단해!"

편집국장이 구석 자리로 돌아가 앉으며 말했다.

한참 후 최은희는 말끔한 차림새로 나타났다. 아이는 사람을 시켜서 제 집으로 돌려보냈다. 어느새 남기자들이 취재를 나갔는지 편집국 사무실은 텅 비어 있었다. 최은희는 창가 책상에 앉았다.

창밖으로 가을 오후의 햇볕이 노릇하게 익고 있었다. 책상 위에 널린 빈 원고지를 끌어당겨 펜을 들었지만 한 문장도 나오지 않았다. 마음이 천 갈래 만 갈래로 흩어졌다. 가난한 행랑어멈으로 변장하고 받은 냉대와 푸대접의 여운은 의외로 컸다. 겨우 한나절인데도 서럽고 비통한 기분이 가시지 않았다. 한평생 이런 대접을 받고 살아간다고 상상하니 끔찍했다. 그러나 그런 여성들은 조선 땅에 널려 있었다. 가슴이 먹먹해지다가 갑자기 의지가 뻥 튀어 오르는 공처럼 불끈 솟아올랐다. 그러니까 더더욱 써야겠다!

그날 최은희가 쓴 원고는 편집고문 이상협이 변장 탐방이라는 아이디어를 낸 기획 기사였다. 기자가 군밤 장수, 인력거꾼, 빵 파는 고학생, 행랑어멈 등으로 변장해 민초들의 삶을 직접 체험한 후 쓰는 잠입 취재기였다. 독자의 관심을 끌기 위하여 변장한 기자를 찾아내는 사람에게 상금을 주는 이벤트도 벌였다. 사옥 앞은 기자의 얼굴을 미리 봐 두려고 몰려온 독자들로 북적댔다.[37] 1924년 10월 3일 혁신호가 전국에 뿌려진 지 열흘이 지났을 때였다.

민간지 최초의 여기자가 된 최은희는 동서남북으로 돌아다녔다. 정해진 곳이나 오라는 곳도 없이 혼자서 여성에 대한 기사를 취재하러 다녔다. 조선의 중심인 경성 어디에도 여성에 관해서는 이렇다 할 만한 기삿거리가 없었다. 이유를 곰곰이 생각해보니 당연했다. 집안에만 틀어박혀 있고 사회 활동이 없었으니 말이다.

사회가 여성에게 요구하는 최상의 삶은 현모양처였다. 거창하게 여성 계몽을 내걸고 여기자를 채용했지만, 정작 전담하는 일은 학예면의 가정 부인란이었다. 아이스크림 만드는 법, 자외선 피하는 법, 소화 돕는 수박 고르는 방법, 사람은 잠 안 자고 며칠이나 살까 등등 요리, 자녀 교육, 미용에 관한 기사가 대부분이었다. 다양한 계층의 여성을 만나 이야기를 들을 수 있던 가정 방문 기사는 그나마 나았다.

최은희는 그것으로 성에 차지 않았다. 여성에게 집 밖의 세상을 보여주고 싶어서 조선여자청년회와 공동 주최로 부인 견학단을 모집했다. 경성전기주식회사, 제사 공장, 발전소, 조선은행, 중앙전화국, 조폐국, 경성역, 무선전화방송소, 총독부 청사, 한일은행, 전조선물산바자대회 등에서 견학했다. 최은희는 부인 견학단을 인솔해 기사를 썼고, 집 밖으로 나온 여성들은 환호했다.

세상 구경을 했으니 이제 케케묵은 여성의 삶을 현모양처 교육이 아닌 직업 교육으로 바꿀 차례였다. 교육을 받으면 직업을 가질 수 있고, 경제력이 있으면 당당해질 수 있다. 당당해야 삶이 바뀐다고 생각한 최은희는 여기자의 방식으로 풀어나갔다. 1925년부터 경성에 있는 여학교를 소개하며 여성 교육과 직업에 관한 기사를 연재물로 내보냈다. 여직공, 여점원, 전화 교환수, 전도 부인, 보험원, 은행원, 속기사, 타이피스트, 자동차 운전수, 산파, 영화배우, 여기자, 교사, 의사 등 근대적인 직업과 경험담을 다양하게 소개하였다.

여성의 경제력 못지않게 중요한 것은 여성의 정치적·법적인 권리였다. 외국에는 있지만 조선에는 없는 여성 참정권, 모성 보호 등 여성 인권에 관한 법률을 설명하는 기사도 내보냈다. 지식을 아는 것에 그치지 말고 실천하라는 의미에서 여성 단체에 관한 기사도 썼다. 조선여자청년회, 조선여자교육회, 경성여자청년동맹, 경성여자청년회, 조선여성동우회, 반도여자청년회, 경성여자기독교청년회 등 기독교 단체부터 사회주의 단체에 이르기까지 여러 여성 단체를 소개하고 강연회를 알렸다. 여성 교육부터 직업, 법률, 단체 활동까지 여성의 삶을 변화시키는 데 기여할만한 기사를 썼다.

1925년 한강 대홍수가 일어났을 때는 여성단체 회원부터 기생까지 규합하여 조선일보 부인 구호반을 조직하였다. 남기자가 취재하기 힘든 매음굴과 거지굴을 누비며 취재를 했고, 1925년 대구에서 열린 남조선여자정구대회에서는 여성 최초로 시구를 하였다.

1926년 7월, «조선일보»는 5년 좀 넘게 머물렀던 수표동 사옥을 떠나 네 번째 사옥 견지동 111번지 2층 벽돌 서양식 건물(오늘날 농협중앙회 종로지점 건물)로 옮겼다. 그 무렵부터 최은희는 보다 적극적으로 여성 운동에 뛰어들었다. 1927년 5월에는 좌우익을 망라한 여성단체 근우회에 참여해 창립 당시 발기인과 준비 위원으로 활동했고, 창립 후 서기와 중앙 집행 위원, 재무 부장을 맡았다. 1927년 조선 비행 구락 부장의 고국 방문 비행 행사가 개최되었을 때는 비행 동승 기자단에 제일 먼저 뽑혀 5회에 걸쳐 탑승기를 썼다.

1935년 «개벽» 5월호에 실린 기사 「여기자 군상」은 최은희를 이렇게 평가했다. 역대 신문사 여기자 중 가장 활동을 많이 하고 가장 성적을 많이 냈으며 재치 있는 문장과 강인한 체력은 웬만한 남기자도 따라갈 수 없을 정도였다고.

먼 훗날 최은희는 회고록에서 이렇게 고백했다. 최초의 여기자라는 자부심과 사명감으로 투철한 직업 의식을 가졌기에 자신에게 기자 생활은 밥벌이가 아니라 청춘의 열정을 송두리째 바친 사업이었다고.[38]

타인의 평가든 최은희의 고백이든 어디에도 화초 기자의 나약한 모습은 없었다.

🖋

종로구 화동 138번지(오늘날 정독도서관 남쪽 길 일부)는 원래 인촌 김성수가 인수해 운영하던 중앙학교였다. 중앙학교가 계동에 새 교사를 짓고 이전한 후에는 주식회사 《동아일보》 창립 사무소 간판이 걸렸다. 그 터에는 늘어선 늙은 포플러 나무와 크고 작은 한옥 다섯 채가 있었다. 양철 지붕으로 한옥 두 채를 연결해 복도를 만들고, 그 사이 공간에 널빤지와 양철판을 얽어 편집국을 배치했다. 기다란 책상 세 개만 놓여있는 편집국은 초라하기 짝이 없었다. 영업국 등 다른 부서도 오래된 한옥을 여기저기 뜯어 고치고 이어서 한 공간에 합쳐 놓았다. 사장실과 서고만 겨우 별실로 만들었다. 1920년 《동아일보》 창간 사옥은 옹색하고 엉성했다.[39]

1925년 1월 어느 날 아침, 한 쌍의 남녀가 그 건물로 경쾌하게 걸어가고 있었다. 사람들은 두 사람을 원앙 기자라고 불렀다. 《동아일보》의 부부 기자 허정숙과 임원근이었다. 임원근은 사회부 기자였고, 허정숙은 《동아일보》 최초의 여기자이자 민간지 두 번째 여기자였다.

허정숙이 기자로 일한 기간은 불과 1925년 1월부터 5월까지였다. 최은희보다 늦게 시작하고 짧은 기간이었지만 최은희보다 더 이름을 떨쳤다는 이야기가 있을 정도로 적극적이었다. «동아일보»가 허정숙을 채용한 것도 최은희의 활약상에 자극 받아서라는 소문도 있었다.[40]

사실 허정숙은 입사하기 전부터 '수가이(秀嘉伊, 영어로 Sky)'라는 필명으로 «동아일보»에 글을 발표했다. «동아일보»를 떠난 후에도 «동아일보»와 «조선일보»를 포함한 여러 잡지에 여성 문제에 관한 글을 많이 발표했던 대표적인 여성 논객이었다.[41]

허정숙과 최은희는 비슷한 점이 많았다. 허정숙은 1902년 함경북도 명천에서 태어났다. 최은희는 황해도 연백에서 태어났는데, 호적상 출생 연도는 1904년이고 실제로는 1902년생이라고 한다. 이들은 몇 달 차이로 나란히 민간지 첫 번째와 두 번째 여기자가 되었고, 이념은 다르지만 둘 다 근우회 활동을 하였다.

두 사람이 사회 활동을 적극적으로 할 수 있었던 배경에는 아버지의 영향이 컸다. 허정숙의 아버지 허헌은 항일 변호사이자 좌파 민족 운동가로 유명했다. 허헌의 주변에 항상 독립 운동가와 사상가가 모여 들었고, 허정숙은 그런 분위기에서 자랐다. 부녀의 나이 차이가 고작 18살이었던 두 사람은 평생

부녀 관계이자 동지 관계로 지냈다. 최은희의 아버지는 개화한 교육자였다. 딸의 교육을 적극적으로 지지했을 뿐만 아니라 여성이 경제적인 독립을 해야 남녀의 위치가 평등해진다고 강조했다.

허정숙과 최은희의 차이점은 이념이었다. 허정숙은 투철한 사회주의자였고 최은희는 민족주의 계열이었다. 허정숙이 여성 문제를 사회 구조적인 차원에서 다루었다면, 최은희는 계몽적인 차원에서 접근했다.

그러나 한때 허정숙은 기독교 민족주의 계열인 조선여자교육협회의 간부였다. 배화여고보 학생 시절 허정숙의 스승은 조선여자교육협회를 설립한 차미리사였다. 그 인연으로 허정숙은 조선여자교육협회에서 여자교육선전강연대를 꾸려 13도를 순회 강연하였다. 그러다 일본 유학을 포기하고 중국으로 갔다.

1922년, 허정숙은 사회주의자가 되어 귀국하였다. 1924년에는 정종명, 정칠성, 주세죽 등 20여 명과 함께 사회주의 여성 단체인 조선여성동우회를 결성했다. 《동아일보》에 입사한 1925년 1월에도 경성여자청년동맹을 만들어 여기자이면서 사회주의 단체 활동가, 사회주의 여성 논객 등 여러 역할을 맡았다.

그중에서 허정숙이 가장 무난한 글을 쓴 곳이 《동아일보》였다. 남성 위주의 신문사에서 단 한 명의 여기자가 할 일은 뻔했다. 최은희처럼 의식주, 육아, 건강, 취미, 미용 등 부인 가정란의 기사, 여학교 순례 기사, 가정 방문 기사를 썼다. 그러다 가끔 조선의 현상과 부인 직업 문제 같은 글을 써서 날카로운 논객의 면모를 드러내었다.

입사한 지 5개월이 되어갈 무렵, 일간지 사회부 기자들이 조직한 단체 철필 구락부가 임금 인상 파업을 일으켰다. 파업은 실패로 끝났고 허정숙은 «동아일보»를 그만두었다. 그해 10월 허정숙은 개벽사가 발행하는 «신여성»에 들어갔는데, 그곳에서 물 만난 고기처럼 자신의 진가를 제대로 발휘하였다. 부수적인 존재로 취급받던 일간지 여기자가 아닌 책임 편집자로서 잡지 발간을 주도하며 능력과 실력을 인정받았다.

허정숙이 «신여성»에 머문 기간도 길지 않았다. 1926년 5월, 허정숙은 허헌을 따라 세계 여행을 떠났다. 변호사 허헌은 서양의 재판 제도와 정치를 공부하기 위해 떠난다고 했고, 허정숙은 대놓고 말은 안 했지만 세계 여행을 일종의 도피로 여겼다. 붉은 연애의 주인공이 된 허정숙에게 내리 꽂히는 편견과 비방의 화살로부터 도피 여행을 떠난 것이다.

1926년 12월 10일, 《동아일보》는 광화문통 139번지에 새 사옥을 완공했다. 1920년 4월 1일, 종로구 화동 138번지에서 창간한 지 6년 8개월 만에 자신의 사옥을 갖게 되었다. 다음 날 사설「새 집이 일다, 이천만 민중의 집」을 내보냈다.

서울의 한복판 경복궁 앞 옛날 육조 앞인 황토 마루 네거리'의 위치부터 자랑스러웠다. 하늘을 찌를 듯한 높은 건물, 불에도 안 타고 지진에도 안 무너지고 비바람에도 안 깎이는 철근 콘크리트, 건물 내부 전체를 덮히는 증기난로, 문명의 모든 이기를 갖춘 사옥은 이천만 민족의 언론 기관으로서 정의와 진리와 자유를 위하여 계속 싸워나가리라! 사설에 실린 목소리는 감격과 자부심으로 철철 넘쳤고, 결의마저 단단했다.[42]

오늘날 세종로 일민미술관 터인 광화문통 139번지는 원래 고급 요리점으로 유명했던 명월관이 있던 자리였다. 명월관 주인 안순환은 구한말 궁중 요리를 담당했던 부제조 출신이었다. 1903년에 개업한 후 친일파와 상류층이 즐겨 찾았던 명월관은 1919년 큰 불로 건물이 소실된 후 종로 피카디리 극장 자리로 옮겨 본점을 열었다. 인사동에는 이미 명월관 지점인 태화관(오늘날 인사동 태화빌딩 자리)이 있었는데, 그곳이 바로 3·1 운동 때 민족대표 33인이 독립 선언서를 낭독한 장소였다.

명월관이 떠난 광화문통 139번지는 김성수가 매입한 후 《동아일보》 소유가 되었다. 《조선일보》가 세 번째 사옥에서 혁신

호를 발행하며 경쟁력을 키우고 있을 때 «동아일보»는 자신의
사옥을 마련했다.

  «동아일보» 광화문 사옥은 일본의 요코하마건축사무소에서
근대 르네상스 양식으로 1차 설계를 한 후 조선식산은행 영선
과장 나카무라 마코토가 모더니즘 스타일로 단순화시켜 최종
안을 만들었다. 주재료는 타일이고 문틀과 창틀에 화강석으로
띠장식을 했다. 장식을 절제한 박스 형태는 1920년대부터 유
행하던 모더니즘 건축 스타일이었다.

  사옥이 준공되는 동안 허정숙은 허헌과 함께 1년 남짓 유럽
과 미국을 여행하며 견문을 넓혔다. 영국에서 노동당 본부를
방문했고 벨기에에서는 세계약소민족대회와 국제반제국동맹
창립대회에 참석했다.

  미국에서 6개월을 머무는 동안 허정숙은 컬럼비아대학교에
서 미국 사회 운동사와 여성 해방 이론을 공부했다. 미국의 여
성 지도자를 만났고, 사회 운동과 정치계의 주요 인물도 만났
다. 사회주의자 허정숙의 눈은 매섭고 평가는 냉정했다. 자본
주의 미국의 풍요로움 이면에는 황금만능주의와 인간 소외 문
제가 있었다. 대단하던 미국 여성의 권리와 지위도 자세히
보니 그렇지도 않았다. 여성 정치인은 의회에서 남성과 동등
한 대접을 받지 못하고 때로는 희롱 거리가 되었다. 미국 여성
의 실체는 감정이 있는 인형이나 다름없었다. 남성이 여권을

거론하는 것도 인형의 비위를 맞추는 수단에 불과했다.[43]

미국에서 목격한 한인 사회도 실망스러웠다. 나라를 잃은 이방인이 감당해야 할 위태로운 삶은 가슴 아팠지만, 파벌 싸움에 빠진 한인 사회는 조선의 상황과 다를 게 없었다. «동아일보» 사옥 낙성식이 열릴 무렵, 잠시 도피 삼아 조선을 떠났던 허정숙은 그 시대의 걸 크러시가 되어 돌아왔다.

붉은 연애. 사람들은 사회주의 여성의 자유연애를 그렇게 불렀다. 허정숙에게 여성 해방은 경제적이고 정신적인 독립뿐만 아니라 자유연애와 성해방도 의미했다. 사실 자유연애와 성 해방은 나혜석, 김원주, 김명순 같은 자유주의 신여성이 더 적극적으로 주장하고 항변하던 주제였다. 사회주의 신여성은 대놓고 말하는 대신 그냥 실천에 옮기고 입을 쓱 닦는 식이었다. 그래서인지 집중 포화를 받은 대상은 자유주의 신여성이었다. 사람들은 자유주의 신여성의 사생활을 소문으로 부풀리고 각색하며 마녀사냥을 해댔다. 특히 서로 알만한 사이였던 남성 지식인의 조롱과 비난이 더 잔인하고 집요했다. 그들의 혓바닥은 자유주의 신여성의 삶을 짓밟고 뭉갰다. 사회주의 신여성은 그보다 덜했지만 소위 붉은 연애는 사회주의 신여성의 이념과 활동의 진정성을 맑게 희석시켰다.

대찬 성격의 허정숙도 붉은 연애 스캔들 때문에 세게 한 번 휘청거렸다. 1925년 허정숙의 남편 임원근이 제1차 조선공산 당 검거로 투옥된 지 얼마 안 되어 송봉우와의 동거설이 나돌았다. 밖에서 보면 붉은 연애 스캔들이지만 사회주의 조직 내부에서는 민감한 파벌 싸움과 얽혀 있었다. 제2차 조선공산당을 주도했던 화요계는 북풍회를 조직 안으로 끌어들이려 했지만 성공하지 못했다. 두 세력 간 충돌이 일어나는 상황에서 제2차 조선공산당 조직에 관여했던 허정숙이 북풍회 소속 송봉우와 동거를 한다니 문제가 되고 말았다. 조선공산당 간부들은 두 사람의 동거를 연애로 보지 않고 북풍회의 정보 탐색전이라고 생각했다. 허정숙은 대중의 인신 공격은 견딜 수 있었지만, 뜻을 함께 해 온 동지들이 자신을 반역 행위자로 몰아대는 것은 견딜 수가 없었다. 그래서 "그저 돌에 맞은 듯한 무거운 머리와 수습할 수 없는 혼탁한 정신"[44]으로 아버지를 따라 조선을 떠났던 것이다. 허정숙에게 도피는 그것이 처음이자 마지막이었다.

떠날 때는 피폐한 상태였지만 돌아왔을 때는 더욱 각성하고 단단해져 있었다. 허정숙은 기꺼이 조선의 알렉산드라 콜론타이(소비에트 연방의 페미니스트이자 여성 사회주의자)가 되었다. 조선의 콜론타이 허정숙은 여러 남자와 연애하고 동거를 하다 결혼과 이혼을 반복했고 아버지가 다른 아들 셋을 낳았다. 그 시대에 이 정도면 세상의 손가락질과 돌팔매에 무너질 만도 한데, 허정숙의 대처법은 '그래서, 뭐!'라는 식이었다. 굳이 변명이나 항의도 하지 않고 마음껏 연애하고 맹렬히 자신의 길을 걸어갔다.

세계 일주를 하고 귀국한 1927년에는 좌우 합작 여성단체 근우회에 뛰어들었다. 편집을 주관한 근우회지 《근우》에 사회주의 여성 해방 이론을 조선의 상황에 적용하여 설명하였다. 1928년에는 근우회 중앙 집행 위원, 상무 위원, 서무 부장, 출판 부장 등을 겸임하고 간도 용정까지 순회 강연을 다녔다. 한때 일했던 《동아일보》에도 여성 해방 이론을 정리하여 연재했다.

좌우 합작 여성 단체 활동은 쉽지 않았다. 1929년부터 민족주의계가 먼저 이탈하고 지회에서 불화가 일어났다. 그 와중에 광주 학생 운동이 일어났다. 좌우 합작 단체 신간회는 광주의 진상을 폭로하고 일제의 만행을 규탄하는 민중 대회를 계획했지만 사전에 발각되었다. 허헌을 비롯한 신간회 간부들이 검거되어 징역형을 선고받았다. 근우회 서무 부장 허정숙은 1930년 1월에 일어난 2차 여학생 만세 운동을 지도했다. 경성의 공·사립 여자고등보통학교 13개교가 만세를 불렀다. 그 사건으로 보안법 및 치안 유지법 위반으로 기소되어 1년형을 선고받았다. 그때 임신 중이었던 허정숙은 감옥에서 출산하고 후유증으로 형 집행 정지 보석으로 잠시 나왔다가 재수감되었다.

허헌은 1932년 1월, 허정숙은 그해 3월에 출옥하였다. 일제는 허헌의 변호사 자격을 박탈하였다. 신간회와 근우회는 해체된 상태였다. 동지들은 감옥에 있거나 지하로 잠적하거나 망명했다. 그것도 아니면 일제에 무릎을 꿇었다. 꼼짝할 수 없는 상황에서 출옥한 허헌과 허정숙은 아무도 생각하지 못했던 태양광선 치료원을 열어 그곳에 은신하면서 일제와의 협력을 거부했다. 그러나 은신은 허정숙에게 어울리는 것이 아니었다. 1935년 7월 26일 정종명이 만기 출소하던 날, 허정숙은 서대문 형무소 앞에서 정종명을 끌어안았다. 그 후 허정숙을 본 사람은 없었다.

그 무렵 《조선일보》는 새로운 전환점을 맞이하였다. 창간 이래 15년의 유랑 생활을 끝내고 새 사옥을 준공하였다. 그동안 줄곧 재정난에 시달리며 이리저리 옮겨 다녔는데 어떻게 이런 일이 가능했을까. 회생의 날개를 단 것은 1933년 방응모가 회사를 인수했기 때문이다. 마치 경쟁자 《동아일보》에 선전포고라도 하듯 방응모는 태평로 1가에(오늘날 코리아나 호텔 자리) 사옥을 짓기 시작했다.

1935년 7월에 낙성식이 열린 《조선일보》 사옥은 웅장하고 장엄했다. 대지 면적 1천 4백여 평, 건축 면적 350여 평, 연면적 1천 2백여 평, 총 공사비 32만 원, 공사 기간 1년 5개월, 지하 1층, 지상 5층(옥탑층 포함)의 건물이었다. 《동아일보》 사옥처럼 기능에 충실하고 장식을 배제한 모더니즘 스타일이었다. 9년 전 1926년에 준공한 《동아일보》 사옥은 대지 면적 402평, 건축 면적 140평, 연면적 473평, 총 공사비 14만 7천 2백 원, 지하 1층, 지상 3층의 건물이었다. 방응모는 막강한 자본으로 창간 이후 줄곧 압도적인 우세에 있던 《동아일보》를 빠르게 추격했다. 수탈의 시대에 두 신문사가 번듯하게 사옥을 짓고 이전투구를 할 때, 억압의 시대에 많은 지식인들이 친일파로 돌아설 때, 최은희와 허정숙은 스스로 사라졌다. 그들은 그들만의 방식으로 자신만의 길을 걸으며 광기의 시대와 타협하길 거부했다.

내 밥벌이는 내 손으로

Space #6_ 조지아백화점 & 화신백화점
Woman #6_ 송계월 & 임형선

조지아백화점 & 화신백화점

"해 좀 봤으면 좋겠어. 나는 해를 보며 사는 사람들이 부러워. 하루 종일 안에서 일하다보면 온몸이 허옇게 뜨는 것 같아. 남들은 귀한 전깃불 밑에서 일한다고 부러워하지만, 그게 어디 햇볕만 하겠어? 나는 햇볕을 못 받아 힘없이 축축 늘어진 식물이 된 것 같아."

"뭐? 햇볕? 나는 이곳에 사람이 어찌나 많은지 정신을 차릴 수가 없어. 사람이 사람처럼 안 보이고 새카맣게 몰려오는 벌 떼처럼 보여. 내 머릿속에 말벌이 붕붕 날아다니고 있어. 햇볕이라는 그런 단어는 생각조차 안 나. 그뿐인가. 12시간 넘게 꼼짝없이 서 있으니 다리가 끊어지는 것 같아. 내 몸이 내 몸이 아니고 내 정신이 내 정신이 아니야."

"어디 사람만 많니. 별의별 사람들이 다 있잖아. 여기가 어디 시장통인 줄 아는지 막무가내로 가격을 깎으려고 하질 않나, 일부러 없는 물건만 찾아 달라질 않나, 별 시답잖은 소리로 희롱하고 추근대질 않나, 잠깐 한눈 판 사이에 슬쩍 훔쳐가는 사람은 또 어떻고. 그렇게 물건 없어지면 우리가 고스란히 뒤집어써야 하는 것도 억울해. 호랑이 같은 주임은 두 눈을 번득이며 우릴 감시하는데도 우리는 찍소리 한 번 못하고 인형처럼 방실방실 웃고 있어야 하니…. 이러고도 우리가 사람인지, 참. 이참에 그냥 확!"

"그냥 확, 뭐?"

"확, 나 좋다며 찾아오는 사람하고 결혼이나 해버릴까 보다."

"아서라, 그 남자들 다 배부르고 할 짓 없어 장난치는 거다. 순진하게 속아 넘어가서 여자 신세 망친 애들이 그동안 한둘인 줄 아니. 자칫 연애 소문이라도 나면 여기에서 쫓겨나. 그러니까 말조심에다 몸조심까지, 알겠어?"

"야아, 인생 우울하게 불평만 할래? 솔직히 여기 취직하고 싶어도 못 하는 애들이 줄을 섰어요. 너희들, 여기 들어올 때 거저 들어왔어? 엄청난 경쟁을 뚫고 왔잖아. 다들 고등보통학교나 상업학교까지 마쳤잖아. 이 조선 땅에서 여자가 그 정도 공부한 것도 대단한데, 그런 여자들 중에서 뽑히고 뽑혀서 들어왔으니 우리가 어디 보통 사람인가? 다른 여자들 사는 것 좀 봐라. 집구석에 처박혀 사람 구경도 못 하고. 우리는 집 밖에서 세상 구경하며 돈까지 벌고 있잖아."

"돈? 말이야 바른 말이지, 남들이 우리 사정을 속속들이 알면 절대로 안 부러울 걸. 네 말대로 대단한 경쟁을 뚫고 선발됐는데 알고 보니 수습사원 아니었어? 수습 기간 동안 쥐꼬리도 아니고 벼룩 뒷다리 터럭만큼도 안 되는 돈을 받고. 하긴 무보수인 곳도 있다고 하더라. 어쨌든 죽으라면 죽는 시늉까지 하며 일했어. 그렇게 이 갈리는 시간을 눈 빠지게 참고 버텨서 정식 사원이 돼도 무슨 대단한 차이가 있대? 돈? 흥, 많아졌지. 수습 때보다 몇 푼 더 많아졌지. 이번 달 내 월급이 얼마인줄 아니? 몸 아파서 이틀 빠진 것하고 화장품 몇 개 갖다 쓴 것 빼고 나니 14원 38전. 방세에다 동생 월사금, 쌀값, 전등료 밀린 것까지 어쩌라고. 월급으로 용돈 쓰는 애들은 살 만하지. 내 월급엔 우리 가족의 목구멍이 달려 있어. 나는 월급날이 더 괴로워. 죽어라 일해서 월급 받자마자 빠져나가기 바쁘니까. 밑 빠진 독에 물붓기가 따로 없지. 하루에도 수백 번 그만둘까 하다가 이거라도 안 하면 어떻게 살까 싶어 그러지도 못하고 있구면."

"아서라, 그래봤자 다들 처지가 오십보백보인데 서로 들볶지는 말아. 별난 사람이 어디 있다고."

"별난 사람? 있잖아, 이봐, 송계월. 자네도 말 좀 해 보시지? 듣자하니 자네는 이곳과 어울리는 사람은 아닌 것 같은데 어떻게 여기에 오게 됐나? 그래, 생활은 할 만해? 응? 계월이, 말 좀 해 봐."

함경도는 다른 지역보다 여성의 경제 활동이 활발했고, 그 중에서도 어촌은 억척스러워야 살아남을 수 있는 환경이었다. 송계월은 1911년 함경남도 북청군의 어촌 마을에서 태어났다. 함경도 여성답게 대담하고 고집이 세고 생활력이 강했다. 경성에 대한 동경과 공부 욕심 때문에 열다섯 살에 가출하다시피 경성으로 왔다.

1927년, 송계월은 취업을 염두에 두고 경성여자상업학교에 입학했지만 도무지 상업학교 공부가 맞지 않았다. 아버지의 영향으로 어려서부터 사상 관계 책을 좋아했던 송계월은 몸은 학교에 다니면서 마음은 사회 과학과 문학을 팠다. 책을 통해 식민지 조선의 현실에 눈뜨면서 피 끓는 청춘은 가만있을 수 없었다. 사회주의 여성 운동가와 교류하고 근우회 여학생 운동을 맡았던 허정숙과 가까워졌다.

1928년, 송계월은 교내 동맹 휴학을 주도하면서 경찰의 요시찰 대상이 되었다. 1929년 11월에 일어난 광주 학생 항일 운동은 마치 3·1 운동처럼 전국의 학생들에게 번지기 시작했다. 그 영향을 이어받아 송계월은 1930년 1월에 경성의 13개교 여학생과 연합하여 여학생 만세 운동을 주동하였다. 그때 각 학교의 여학생을 연결하고 지도한 사람이 허정숙이었다.

허정숙과 송계월은 검거되어 서대문 형무소에서 수감 생활을 했다. 열아홉 살 송계월은 2개월가량 수감된 후 징역 6개월, 집행 유예 2년을 선고 받고 출감했다. 그리고 곧바로 취직을 했는데, 뜻밖에도 일본 대자본이 식민지에 세운 백화점이었다. 새내기 사회주의 여성 운동가는 왜 출옥하자마자 일본계 백화점에 들어갔을까? 서대문 형무소에 있는 허정숙에게 특별한 지시라도 받았던 걸까?

조선에서 백화점이 등장한 것은 1906년 일본의 미쓰코시가 경성에 출장소를 개설하면서부터였다. 오늘날 명동 사보이 호텔 자리에 세운 3층 목조 건물로, 수출입상과 소규모 잡화점을 겸하는 정도였다. 미쓰코시를 따라 다른 일본계 백화점들도 하나둘씩 충무로 일대에 진출했다. 1921년 조지아백화점, 1922년 미나카이백화점, 1926년 히라타백화점이 들어왔지만, 아직 백화점다운 수준은 아니었다.

근대적인 대형 백화점의 면모를 갖게 된 것은 1929년 미쓰코시백화점 출장소가 경성 지점으로 승격되면서부터였다. 미쓰코시백화점은 1929년 3월 지금의 신세계백화점 자리에 새 건물을 착공하여 1930년 10월에 준공했다. 르네상스 양식을 주조로 중후한 분위기를 자아낸 건물로 지하 1층, 지상 4층 규모에 종업원 360명을 둔 조선과 만주 최대의 백화점이었다. 미쓰코시백화점 경성 지점이 성공하자 다른 일본계 백화점도 속속 매장을 확장하거나 신축했다.

그 중에서 송계월이 취직한 곳은 조지아백화점이었다. 1921년 충무로에 처음 개업한 후 1929년에 3층 서양식 건물로 증축했는데, 송계월은 증축한 건물에서 일했다. 조지아는 원래 양복점에서 출발하여 백화점 사업으로 확장했기에 양복부에 가장 많이 투자하였다. 당연히 송계월이 상대하는 손님도 그 시대에 양복을 찾을 만한 돈 많고 권세 있고 유행에 민감한 사람들이었다.

볼 것 없고 놀 것 없는 식민지 도시에서 백화점은 도시의 명물이 되기에 좋았다. 명물이니만큼 그곳에서 일하는 여점원은 아무나 될 수 없었다. 학력은 고등보통학교나 상업학교 졸업이 기본이었고, 무엇보다 외모가 중요했다. 학력과 외모를 앞세운 경쟁은 치열했으며 채용 시험은 엄격했다. 선발된 미모의 고학력 여성은 백화점만큼 화려한 이미지였다. 사람들은 백화점 여직원을 부를 때 '모던 걸'의 '~걸(Girl)'을 붙였다.

백화점에는 여러 걸이 있었다. 매장에서 물건을 팔면 데파트 걸, 엘리베이터를 운행하면 엘리베이터 걸, 판매할 옷이나 장신구를 착용하고 광고를 하면 마네킹 걸이었다. 송계월은 데파트 걸이었다. 데파트 걸은 매장에서 하루 12시간 이상 서서 웃음과 친절로 수많은 사람을 상대했다. 30초에 한 번씩 얼굴과 손등과 가슴으로 날아오는 남자들의 시선을 모른 척 견

더야 했다. 그 정도면 그나마 나았다. 대놓고 애교와 에로를 요구하는 사람도 있었다. 퇴근 후에는 데파트 걸을 알아본 남성이 성희롱을 하기도 했다.

엘리베이터 걸의 처지는 더 심했다. 좁은 엘리베이터 안에 갇혀 한 손으로 핸들을, 다른 손으로는 문을 잡고 입에 침이 마르도록 매장 위치와 상품을 떠들어야 했다. 저녁때가 되면 혓바닥이 갈라지고 다리가 휘고 뼈가 녹는 듯 했다. 하루 13시간을 일하고 쉬는 날은 한 달에 한 번 있는 정기 휴일이었다. 가장 고역스러운 것은 손님이 드문 시간을 골라 엘리베이터에 타는 남자들이었다. 겁을 집어먹고 겨우 핸들을 돌리면 어느 틈에 남자의 손길이 뺨을 쓰다듬고 손목을 잡았다. 분한 마음에 떠들어봐야 증거도 목격자도 없었다. 창피만 당하고 구설수에 오를까봐 눈물을 삼키고 참을 수밖에 없었다. 엘리베이터 걸은 직업인이 아니라 성애의 대상이었다.[45]

여점원의 에로 서비스는 남자 손님이 은근히 요구하는 것만이 아니었다. 백화점도 더 많은 손님을 끌어들이기 위해 마케팅 수단으로 활용하였다. 그래서 백화점에 취직하려면 학력 이상으로 미모가 중요했다. 일본계 백화점의 데파트 걸이 된 송계월은 책에서 배울 수 없었던 현실의 여러 문제를 직접 겪었다. 조선인으로서의 민족 문제, 노동자로서의 계급 문제, 여성으로서의 성차별 문제를 체험하고 마음에 새겼다.

✎

《신여성》은 개벽사가 발간하던 여성 잡지였다. 허정숙은 《동아일보》 기자를 그만 둔 뒤 《신여성》에서 자신의 역량을 마음껏 발휘했다. 허정숙이 《신여성》에 머문 기간은 짧았으나 여운은 컸다. 《신여성》은 떠난 허정숙을 대신할 진보적인 여성 이론을 펼칠 기자가 필요했다. 그때 찾아낸 적격자가 송계월이었다.

1931년 4월, 송계월은 조지아백화점의 데파트 걸에서 《신여성》 기자로 발탁되었다. 그동안 웅크려 버텨온 시간에 대한 보상이라도 받는 듯 기자가 된 송계월은 작가로도 등단해 카프(KAPF, 조선 프롤레타리아 예술가 동맹) 회원으로도 활동했다.

《신여성》의 선택은 옳았다. 송계월은 허정숙 이후 여성 문제와 여성 해방 이론을 가장 활발하게 모색하고 전개하는 기자가 되었다. 송계월은 허정숙의 영향을 받았고 그를 존경했지만, 두 사람의 여성 운동론은 좀 달랐다. 허정숙이 일반 여성을 대상으로 여성 전체를 아우르는 조직을 생각했다면, 송계월은 여성 노동자를 여성 운동의 중심에 두는 부문 운동을 중요하게 생각했다. 이는 시대의 차이이자 두 사람이 살아온 삶이 다르기 때문이기도 했다. 허정숙이 활약했던 1920년대는 신간회와 근우회처럼 좌우 합작과 대중 운동이 일어나던 시대였다. 송계월이 활동했던 1930년대는 신간회와 근우회가 해체되고 일제의 침략 전쟁과 군국주의가 팽창했던 시절이었다. 조선인에 대한 탄압은 더욱 심해져 대중 운동은 침체되고 운동의 양상은 계급적인 노동 농민 운동 위주였다.[46]

허정숙은 유복한 집안에서 태어나 진보적인 아버지의 적극적인 지지를 받으며 자랐다. 해외 유학과 세계 일주를 경험하며 자신감으로 충만했고 거침없이 자유분방했다. 허정숙에게 넉넉했던 것들이 송계월에게는 부족한 것들이었다. 허정숙은 먹고살기 위하여 노동을 한 적이 없었다. 만일 허정숙이 송계월처럼 데파트 걸이 되었다면, 그것은 어디까지나 노동 운동의 일환이었을 것이다.

그러나 송계월은 먹고 사는 문제가 중요했다. 감옥에서 나오자마자 데파트 걸이 된 것도 여성 노동 운동을 보고 한 것이 아니라 당장 눈앞의 생계가 급해서 였다. 이상이 아니라 밥줄이 걸린 일은 관찰과 성찰의 여유를 부리기가 힘들다. 백화점에서 매일 당하는 부당한 대우와 남자들의 비릿한 시선은 학습된 이념으로 얻을 수 없는, 뼈와 살에 각인되는 생생한 치 떨림이자 무력함이었다. 일상적이고 반복적이며 직접적인 차별은 사람을 망가뜨리기도 하지만 예리하게 단련시키기도 한다. 송계월은 후자였다. 생계를 위한 노동을 했기에 여성 노동자를 여성 운동의 중심에 놓았고, 여성 해방은 계급 해방을 통해 실현된다고 믿었다.

한 해가 저물어가는 어느 겨울 밤, 송계월은 잡지 «동광»에서 요청한 기사를 쓰고 있었다. 1932년 1월호에 실릴 기사 제목은 「악제도의 철폐」였다. 악제도란 조선 여성을 제약하는 봉건적인 제도를 의미했다. 송계월은 악제도를 없애기 위한 실천 방안을 쭉 나열해 보았다. 동일한 남녀 임금, 8시간 노동제, 여성 노동자의 산전 산후 휴가, 여성 참정권, 여성 결사권, 평등한 교육 기회, 인신매매에 의한 공창·사창 금지, 봉건적인 상속법·혼인법 폐지… 이것을 위해 필요한 것은 뭘까? 공장 부인 위원회, 농촌 부인 위원회… 그러다 웃고 말았다. 허정숙이라면 다른 생각을 했을 것 같았다. 송계월은 얼마 후면 출소할 허정숙을 생각하며 속말을 했다.

'허정숙 선생님, 선생님은 여성 전체를 아우르는 큰 물결을 만드세요. 저는 발밑의 땅부터 촘촘하게 다지겠습니다.'

"집에서 아이나 보고 살림이나 해. 학교는 무슨! 한글 이름자 쓸 줄 알면 됐지, 그만둬!"

작은 어머니는 언니를 매일같이 들볶았다. 결국 임형선의 언니는 보통학교 5학년까지만 다니고 그만두었다. 그때 임형선은 결심했다.

'2년 후면 나도 5학년이 된다. 이제부터 공책, 연필, 용돈 모두 아껴서 기차 값을 마련하자. 기차타고 경성 가서 어머니를 만나면 공부할 수 있을 거야.'

드디어 올 게 왔다.

"너도 5학년까지만 다녀!"

작은 어머니의 말 한마디에 임형선은 친구 집에 다녀오겠다며 집을 나갔다. 그 길로 경성행 밤기차를 탔다. 다음 날 주소 적힌 엽서 한 장을 달랑 들고 짐도 없이 경성역에 내렸다. 황해도 황주에서 온 시골 소녀는 버스나 전차를 몰랐고 알았다 한들 탈 돈도 없었다. 주소에 적힌 하왕십리까지 물어물어 걸어갔다. 걸어도 걸어도 끝이 없었다. 날은 어두워지고 겁은 나고 기운마저 없어지자 그만 주저앉아 울고 말았다. 지나가던 사람이 그 사연을 듣고 어머니 집을 찾아주었다.

"온단 말도 없이 웬일이냐."

어머니는 기절초풍했고, 임형선은 엉엉 울며 말했다.

"학교 보내줘."

본처였던 임형선의 어머니는 아들을 못 낳았다. 첩으로 들어온 작은 어머니는 아들 둘을 낳았다. 어머니는 소박을 맞았고 작은 어머니는 떵떵거리며 안주인이 되었다. 홀로 경성에 온 어머니는 남의 집 문간방에서 비슷한 처지의 여성과 합숙을 하고 있었다. 행상으로 겨우 생계를 유지하는 생활은 비참하기 짝이 없었다. 더 들어올 틈도 없는 방구석에 꾸역꾸역 끼어들며 또 말했다.

"어머니, 나 학교 보내줘."

이듬해 1933년, 열세 살 임형선은 동대문 창신공립보통학교를 졸업했다. 밥 먹기도 힘든 형편에 중학교 진학은 꿈도 꿀 수 없었다. 졸업 즈음 적십자 병원에서 간호원을 모집했다. 임형선은 친구들을 따라 적십자 병원으로 갔다. 문을 열자말자 훅 끼쳐오는 소독약 냄새에 화장실에서 구역질만 하다가 돌아왔다. 같이 간 친구들만 간호원이 되었다.

임형선은 담임 선생의 소개로 잠시나마 일본인 집에서 식모를 살기도 하고, 동네 사람 소개로 버스 안내양으로 일하기도 했다. 그때마다 이러려고 기를 쓰고 공부했나 싶은 억울함이 솟구쳐서 그만두었다. 그리고는 마지막으로 조선어를 가르쳤던 김 선생을 찾아갔다. 그날 김 선생은 임형선을 데리고 종로 네거리로 갔다. 전철에서 내려 길을 걷는 동안 김 선생은 신신당부를 했다.

"이제 너는 딴 거 말고 기술을 배워라. 당장 고생은 하겠지만 한 십 년 후면 전문학교 나온 사람보다 나을 거다. 그러니 그저 꾹 참고 기술을 배워. 내가 하라는 대로 꼭 해야 한다! 자, 다 왔다. 들어가자."

김 선생이 발걸음을 멈춘 곳은 화신백화점이었다. 임형선은

의아했다. 조선 팔도에서 가장 많은 물건을 판다고 소문난 곳
에서 기술이라니….[47]

경성은 청계천을 경계로 북촌과 남촌으로 나뉘었다. 북촌
이라고 불린 청계천의 북쪽 일대는 조선인의 영역이었다. 남
촌이라고 불린 청계천의 남쪽은 일본인의 영역이었다. 거주지
뿐만 아니라 상업·문화 시설도 조선인의 북촌과 일본인의 남
촌으로 구분되었다. 남촌에는 일본계의 미쓰코시, 조지아, 미
나카이, 히라타백화점이 있었고, 북촌에는 조선인이 운영하
는 화신백화점과 동아백화점이 있었다. 남촌 상가는 천만 촉
전등불과 네온사인으로 불야성을 이룬 별천지였다. 북촌은
1930년대 중반이 되어서야 남촌 같은 도시의 소리와 불빛을
갖게 되었다.

화신백화점과 동아백화점은 개점 시기가 비슷했고 위치도
오늘날 종로타워빌딩 자리에 이웃해 있었다. 주 고객층도 조
선인으로 겹쳤다. 그러니 두 백화점의 경쟁은 상상을 초월할
정도로 치열했다. 잦은 대매출은 기본이고, 백화점 경품으로
문화 주택을 내걸기까지 했다. 미모의 여직원을 뽑아 미인계
를 쓰듯 매장 앞에 세워놓기도 했다. 서로 출혈 경쟁으로 막대

한 손실을 보다가 결국은 화신백화점의 승리로 끝났다.

두 백화점은 피맛골로 통하는 골목을 사이에 두고 나란히 서 있었다. 동아백화점을 인수합병한 화신백화점은 두 건물을 오가며 쇼핑할 수 있도록 건물 사이에 육교를 설치했다. 그때부터 사람들은 동아백화점 건물을 화신 동관이라고 불렀다. 매장은 한층 넓어졌고 종업원은 250명이나 되었다. 이제 화신 백화점의 시대가 왔다.

"미용 기술을 배우려면 3년은 걸리는데 그동안은 무보수예요. 여기 규칙이 그래요. 그게 싫으면 미용학원에 가서 수업료 내고 배운 다음에 취직하는 수밖에요."

화신 미용부 원장은 단호하게 말했다.

'돈 벌려고 왔는데 무보수라니, 그것도 3년씩이나?'

상상도 못한 이야기에 임형선은 맥이 탁 풀렸다. 아무 말도 못하고 있는데, 옆에서 김 선생이 얼른 받아서 대답했다.

"괜찮습니다. 3년이라도 데리고 있으면서 잘 좀 가르쳐주십시오."

당장 내일부터 출근하라는 원장의 말에 일단 취직은 되었다. 하지만 임형선은 그저 막막하기만 했다.

"휴, 3년이면 굉장히 긴데…."

화신백화점을 나오며 임형선은 무심코 내뱉었다.

"괜찮다."

김 선생은 무심한 듯 아무렇지도 않게 말했다. 아까 화신 미용부에 가기 전 백화점 사무실에 들렀던 목소리와는 달랐다.

"장 선생, 내가 우리 제자 하나 기술 가르치려고 하니까, 오 선생한테 말 좀 잘해서 꼭 되게 해줘."

김 선생은 알고 지내던 화신백화점 직원에게 애 타는 목소리로 통사정을 하였다. 차분하지만 빈틈없는 목소리였다. 어쩐지 임형선은 묘하게 안정되었다. 김 선생을 생각해서라도 일단 버텨보기로 했다. 자신의 형편을 뻔히 아는 김 선생이 3년 무보수로 일하더라도 미용 기술을 꼭 배우라는 판단을 믿기로 했다.

'그런데 미용이 뭐지?'

무보수에 대한 걱정을 접고 나서야 미용 일이 궁금해졌다. 거울조차 없는 집에서 살던 임형선에게 화신 미용부는 그저 신기했다. 벽면에 붙은 초대형 거울, 푹신푹신한 긴 소파, 생전 처음 보는 미용 기구와 화장품, 눈부신 전등 불빛, 틀기만 하면 나오는 더운물은 경이롭기까지 했다. 화신 미용부 원장의 모습도 새로웠다. 횟가루를 뒤집어 쓴 듯 허연 얼굴에 뾰족하게 그려놓은 빨간 입술을 화장이라고 한다지? 양장에 고데까지

한 원장을 처음 봤을 때 임형선은 서양 도깨비인줄 알았다.

화신 미용부 원장 오엽주는 하고 싶은 것은 해야 직성이 풀리는 성격이었다. 평양에서 여자고등보통학교를 졸업하고 상경해 본정에 있는 여자 미용원에 다녔다. 수강생 중 조선인은 오엽주 혼자라는 사실만으로 신문 기삿거리의 대상이 되었다. 미용원을 수료한 후에는 일본으로 건너갔다. 일본 영화 기획사 공모에서 가장 우수한 성적으로 뽑혀 조선 여성으로는 처음으로 일본에서 영화배우가 되었다. 오엽주에 의하면 아주 호화롭고 유쾌했던 배우 생활이었다. 그러나 얼마 후 노모를 봉양하기 위해 조선으로 돌아왔다.

귀국 후 한동안 지방에서 카페 마담으로 일하다가 미용원을 차린 것이 1933년 3월 화신백화점 2층 화신 미용부였다. 한국 최초의 화신 미용부에 미용사는 두 명이었다. 조선인 오엽주는 화장을, 일본인 미용사는 머리 손질을 맡았다. 오엽주의 화장 솜씨는 워낙 유명해서 그의 손이 닿으면 번데기가 나비로 변하듯 아무리 못생긴 얼굴도 절세미인이 된다고 했다.[48] 두 미용사의 활약으로 화신 미용부는 미인 제조실로 통했다. 고객은 왕실과 상류층 여성부터 신여성, 여배우, 일류 기생들까지 다양했다.

오엽주는 조선인 최초로 쌍꺼풀 수술을 했을 정도로 미적인 욕구가 강했다. 누군가 미용사를 천하다고 말하면 미용사는 예술가라고 맞대응했다. 미용이 겉만 꾸미는 일이라고 깔보면 미용은 아름다움뿐만 아니라 위생과 건강을 추구한다고 맞받아쳤다. 조선 최초의 미용사는 직업의식과 자존심이 대단한 여성이었다.

임형선은 화신 미용부가 개업한 지 두 달쯤 되었을 때 조수로 들어갔다. 청소, 심부름, 고객 접대 등 3년 무보수답게 온갖 허드렛일을 줄기차게 했다. 미용 기술을 배울 시간도 없었다. 연예인이나 다름없던 오엽주는 미용실에 붙어 있질 않아서 임형선이 미용 기술을 배울 사람은 일본인 미용사뿐이었다. 도제식이라 온갖 잡일을 해가며 어깨 너머로, 눈썰미로 배우다가 재수 좋으면 제대로 자리를 잡고 배우곤 했다.

화신 미용부는 초창기에 세발 손님이 많았다. 그때는 집에서 머리를 자주 감던 시절이 아니었다. 보통 일 년에 한두 번 정도 머리를 감다보니 두피는 심하게 건조하고 온통 비듬으로 덮여 있기 일쑤였다. 그런 머리를 미용원에서 감기는 것을 세발이라고 했다. 세발 과정은 복잡했다. 빗으로 일일이 가르마를 타고 머리카락을 하나씩 넘겨가며 비듬을 털어냈다. 그 다음 올리브 오일을 중탕하여 머리 밑을 마사지 하고 스팀 타월로 서너 차례 닦아낸 후에 샴푸를 했다. 임형선은 세발부터 배웠다.

고데를 배울 때는 온도를 일일이 입으로 조절했다. 퇴근 후에도 혼자 남아서 웨이브 연습을 했다. 한 방에 여럿이 자는 합숙소 같은 집에서도 고데기가 손에 착 달라붙도록 지독하게 연습했다. 마사지, 손톱 소제와 매니큐어 등 배울 것은 하나도 놓치지 않았다. 악착같이 배워 3년 후에 돈을 벌어 효도할 생각 하나로 버티고 또 버텼다.

그렇게 1년 반이 흘렀다. 그동안 짬짬이 미용 기술을 가르쳤던 일본인 미용사도 그 노력과 실력을 인정했다. 형선은 산 하나를 넘은 기분이었다. 잠시 산봉우리에 앉아 한 줄기 시원한 바람을 맛볼까 싶었을 때 갑자기 천둥과 벼락이 내리쳤다.

1935년 1월 27일, 퇴근 시간이 좀 지났을 무렵이었다. 한겨울 세찬 바람을 타고 거대한 불길이 화신백화점을 삼켰다. 불꽃은 절정에 오른 무당처럼 맹렬하게 춤을 추었다. 삽시간에 3층짜리 서관을 쓸어버리고 육교를 건너 동관으로 옮겨 붙었다. 시내 경찰서 네 곳에서 경찰 80여 명이 와서 철야 경계 태세를 취했다. 동관을 통해 밖으로 빠져나온 점원과 고객은 두려움에 떨었고, 몰려온 구경꾼으로 인산인해를 이루었다.

임형선은 검댕이가 묻은 얼굴로 화마의 잔해를 올려다보았다. 방금 전까지 일했던 2층 화신 미용부 자리에 회색 연기가 퍼석퍼석 피어올랐다. 건물의 뼈다귀만 남은 텅 빈 공간에 검은 밤하늘이 걸려 있었다.

'이제야 손님 머리를 만지게 되었는데… 팁이라도 받으면

어머니에게 갖다 주려고 했는데….'

임형선의 얼굴에서 시커먼 눈물이 흘러내렸다.

　　　　　　　　　　✒️

대화재로 화신백화점 서관은 남김없이 타버렸고 동관은 일부만 탔다. 화신백화점 사장 박흥식은 위기가 기회라는 듯 신속하게 대처했다. 화재 발생 후 엿새 만에 근처 옛 종로 경찰서 건물에서 임시 영업을 시작했다. 이참에 동관을 한 층 더 올려 증개축을 하고, 전소된 서관은 인접한 대창 무역 부지까지 사들여 더 크게 신축하려 했다.

화신백화점이 발 빠르게 재건에 나서는 동안 오엽주는 손을 놓고 있었다. 화재로 한순간에 날아가 버린 미용원을 혼자 힘으로 일으킬 형편이 아니었다. 일본인 미용사는 일본으로 돌아갔고, 임형선은 한 푼도 받지 못한 채 의욕 잃은 집순이가 되었다.

어느 날 오엽주가 임형선을 찾아와 공책 한 권을 내밀었다. 낙안동, 인사동, 관훈동, 관철동에 사는 기생의 이름과 주소가 빼곡히 적혀 있었다. 다음 날 임형선은 묵직한 가방을 들고 기생 명부에 적힌 주소를 찾아다녔다. 아침도 아니고 점심도 아닌 시간에 막 잠에서 깬 기생의 머리 쪽을 져주거나 고데를 하고 얼굴 마사지를 해주며 행상 미용을 시작하였다.

기생집을 돌아다니는 행상 미용은 화신 미용부보다 요금은 더 싸고 일은 더 힘들었다. 의자 없이 온돌방에 주저앉아 미용 일을 하고 나면 온몸이 저렸다. 기생이 늦잠에서 깰 때까지 기다리는 것도 지겨웠고, 더운물을 일일이 데워야 하는 것도 번거로웠다. 새삼 화신백화점의 가스와 전기 시설이 그리웠다. 화신백화점에서는 미용 손님이 알아서 찾아왔고 더운물은 틀기만 하면 나왔다.

하루 종일 기생집을 돌아다니며 벌어온 돈은 고스란히 오엽주의 주머니로 들어갔다. 그때마다 오엽주는 아직 3년을 못 채웠다고 말했다. 한 달이 가고 두 달이 지났지만 들어오는 돈은 없었다. 재주는 곰이 넘고 돈은 왕서방이 받는다더니, 임형선은 섭섭함을 넘어 분노가 치밀었다. 따지고 보면 미용 기술도 일본인 미용사가 가르쳐 준 것이 아닌가. 매번 날로 먹는 오엽주를 더 이상 참을 수가 없었다. 임형선은 김 선생을 찾아가 그만두겠다고 말했다.

"절대로 안 된다! 더 기다려라. 한 우물을 파야 한다."

서럽고 분하고 억울했지만 이번에도 김 선생의 말을 따랐다.

시간이 약이고 해결사였다. 기생집을 찾아다니며 느꼈던 창피는 무뎌졌다. 혼자 손님을 찾아 돌아다니는 행상 미용은 고단했지만, 실력은 하루가 다르게 늘었다. 그만큼 자신감이 붙었고 머리를 만지는 손은 빨라졌다. 입소문도 났다. 하루에 네 다섯 명이던 손님이 대여섯으로 늘어났다. 행상을 하면서 간도 커진 임형선은 오엽주가 챙겨주지 않는 자신의 몫을 가져가기로 했다. 기생이 주는 팁과 부지런히 손을 놀려 늘어난 손님의 몫을 자신의 주머니에 넣었다. 오엽주는 이 사실을 알고도 넘어갔다.

1935년 8월, 화신백화점 동관(옛 동아백화점 건물)이 증개축되었다. 화신백화점 대화재가 일어난 지 8개월 만이었다. 그 무렵 오엽주는 일본에 가 있었다. 도쿄 와타나베 미용 연구소에서 연수를 받으며 재기할 기회를 찾다가 그해 겨울 다시 돌아왔다. 1935년 12월 중순, 종로 YMCA 건물 맞은편(오늘날 종로 78번지 미려빌딩 자리)에 막 신축한 영보빌딩 4층에 엽주미용실을 개업했다. 화신백화점의 화신 미용부도 아니고 영보빌딩의 영보미용실도 아니었다. 유명한 건물의 이름을 따지 않고 자신의 이름을 내걸었다. 새로 지어 시설이 좋기로 유명한 영보빌딩의 입주부터 실내 장식과 최첨단 미용 장비까지 개업에 필요한 모든 자본을 마쓰다 화장품 회사가 투자했다.

엽주미용실은 화신 미용부와 비교할 수 없을 정도로 최고급 최신식 시설이었다. 엘리베이터를 타고 4층에서 내려 미용실에 들어가면 호화롭게 꾸민 응접실이 있고, 벽에는 마쓰다 화장품으로 가득한 대형 수납장이 있었다. 고객의 미용 공간마다 시선 차단용 칸막이도 설치했다. 앞과 옆과 뒤를 볼 수 있는 삼면경, 드라이어, 파마 기계, 가구, 소품 하나까지 최상품이고, 벽에 박는 못 하나까지 모두 일본에서 수입한 것이었다.

그 중 일본에서 수입한 최신 전기 파마 기계는 가장 인기가 많았다. 조선 팔도에서 엽주미용실에 단 하나 있는 그 기계 덕에 파마가 본격적으로 유행하기 시작했다. 엽주미용실은 홍보용 엽서를 만들어 기생집과 전화가 있는 부잣집마다 뿌렸다. 엽서는 엽주미용실의 미용사가 나란히 줄서서 찍은 사진으로 만들었다. 사진 중앙에는 오엽주가 있고, 바로 옆에 임형선이 있었다. 이들을 중심으로 좌우에 새로 들어온 미용사 네 명이 미소를 짓고 있었다. 드디어 임형선은 정식 미용사가 되었고, 엽주미용실에서도 최고참이었다.

종로는 언제나 전차와 버스와 조선인으로 붐볐다. 조선인의 거리, 조선 상권의 중심지다웠다. 1930년대 중반부터 단층과 2층 한옥 상가가 사라지고 대형 백화점과 임대 상업 건물이 들어섰다.

1937년에는 종로 네거리에 새로운 랜드마크가 우뚝 섰다. 1935년 1월 대화재로 전소된 화신백화점 서관이 신축 공사를 끝내고 모습을 드러냈다. 연면적 2천평이 넘는 지하 1층, 지상 6층 건물로, 르네상스 양식을 단순화시켜 모던한 분위기가 났다. 2층부터 5층까지 좁고 길게 배열한 수직창과 쭉 뻗은 사각 기둥은 건물을 더 높게 보이도록 했다. 마치 남촌의 미쓰코시백화점에게 대결 신청이라도 하듯 북촌의 화신 서관은 강건하고 웅장한 분위기를 풍겼다. 이번에도 화신 서관과 동관은 3층에서 육교로 연결되어 고객이 양쪽을 오가며 쇼핑할 수 있었다. 증개축한 동관의 연면적까지 더하면 화신백화점은 남촌 최대의 미쓰코시백화점을 눌렀다. 조선 상권의 중심인 종로에 조선인 자본으로 조선인 건축가가 설계한 건물은 조선 최대 최고의 민족 백화점이 되었다.

종로 일대에 화신백화점, 한청빌딩, 영보빌딩 등 대형 상업 임대 건물이 신축되면서 미용실도 하나둘씩 늘어났다. 영보빌딩에는 엽주미용실, 한청빌딩에는 여왕미용원, 장안빌딩에는 장안미장원, 그 밖에 중앙미장원과 고려미장원 등 종로에만 예닐곱 개가 생겼다. 미용실을 찾는 고객층이 다양해지고 미용과 파마가 일반화되기 시작했다. 파마와 미용의 원조 엽주미용실을 찾는 손님은 보통 두세 시간씩 기다렸다.

정식 미용사가 된 임형선의 형편도 조금씩 나아졌다. 월급은 여전히 적지만 어머니가 행상을 하며 번 돈을 합쳐 판잣집을 마련했고, 고향에 남겨둔 여동생도 데려와 함께 살았다. 가

끔 출장 미용도 다녔는데, 행상 미용과는 천지차이였다. 출장
미용을 가는 곳은 기생집이 아니라 성북동 부잣집과 정동 러
시아 영사관이었다. 가격은 두 배였고 팁도 두둑했다. 이제 숨
통이 좀 트인다 싶던 어느 날, 동대문 경찰서 형사가 엽주미용
실에 나타났다.

"임형선이 누구냐?"

그날 임형선은 영문도 모른 채 동대문 경찰서로 끌려갔다.

1942년 어느 날, 진눈깨비가 흩뿌리던 날 오후였다. 스물세
살 임형선은 화신백화점 서관 정문 앞에 서서 종로 네거리를
휘둘러보았다. 언제부터 이렇게 종로가 썰렁해졌을까. 사람
과 물건으로 활기찼던 종로는 이제 찬바람 소리만 쌩쌩 거렸
다. 1937년 중일 전쟁이 일어난 후로 일제는 총동원 체제로 전
환하고 전시 통제 경제 정책을 실시하였다. 사상적으로는 황
국 신민화와 내선일체 정책을 더욱 강력하게 밀어붙였다. 각
종 물자가 배급제로 통제되고 시장의 모든 상품은 전쟁 물자
를 충원하기 위해 수탈되었다. 종로 상가에 폐업하는 상점이
속출했다. 종로 상권은 암흑기에 접어들었다. 전쟁은 전쟁이
었다.

화신백화점은 예외였다. 그동안 민족 백화점을 자처해온 화신백화점은 상권이 무너지는 상황에도 끄떡없었다. 그럴만한 이유가 있었다. 일제가 실시한 배급 통제의 피해자는 중소 상인이었다. 실제로 화신백화점은 배급 통제가 실시된 후 이전보다 약 2.5배의 물품을 배급받는 특권을 누리며 급성장하였다.

임형선은 화신백화점 서관 6층 위로 올려다보았다. 흐린 하늘 아래 옥상 정면에 전구가 촘촘히 박혀 있는 대형 전광판이 걸려 있었다. 밤이면 광고와 뉴스가 전광 문자로 빛나던 곳에 비행기와 철모를 쓴 군인들이 번쩍거렸다. 화신은 더 이상 민족 백화점이니 조선의 화신이니 하는 광고를 하지 않았다. 형선은 시선을 아래로 내려 1층 쇼윈도를 보았다. 아무리 춥고 더워도 구경꾼들로 북적대던 곳도 한산해졌다.

'그렇지, 전쟁이니까.'

깊고 차가운 한숨을 쉬며 1층 매장으로 들어갔다. 화려하게 장식한 천장이 보이고 그 아래 기둥들이 일정한 간격으로 서 있었다. 15인승 엘리베이터 3대와 에스컬레이터 2대가 눈에 들어왔다. 전쟁 전에는 사람들로 복작복작하던 곳이었다. 에스컬레이터는 곤두박질 칠 것 같다며 일부러 안 타는 사람도 있었지만, 엘리베이터는 언제나 인기 만점이었다. 살 물건이 없어도 엘리베이터 때문에 백화점에 오는 사람도 많았다.

엘리베이터를 타면 천당에 올라가는 기분이라는 둥, 뱃멀미가 나고 어지럽다는 둥, 신통방통한 기계에 대한 체험담은 꼬리에 꼬리를 물고 사람들을 웃게 만들었다. 수학여행 코스로 백화점에 왔던 학생들도, 시골에서 온 노인들도 입을 쩍쩍 벌리고 눈을 휘둥그레 뜨고 침을 꼴깍꼴깍 삼키며 좋아했다. 그렇게 남녀노소 막론하고 몰려왔던 백화점의 진풍경은 이제 보이지 않았다. 엘리베이터와 에스컬레이터 앞에 줄지어선 사람도 그다지 없었다. 할 일 없이 몰려다니는 아이들도 없었다.

손님은 줄었지만 매장에 진열된 상품은 여전한 듯싶었다. 소문이 사실인 것 같았다. 시중에 조선 상인이 배급받지 못하는 물건들이 다 화신으로 빠진다는 소문, 총독부가 화신 뒤를 받치는 걸 보니 화신백화점 사장 박흥식이 간도 쓸개도 다 빼서 일본에게 줘버렸다는 소문이 떠돌았다. 적당한 수의 사람들이 적당히 조용하고 평화롭게 움직이고 있었다. 이제 백화점은 누구나 마음대로 오는 곳이 아니라, 비싼 물건을 살 만한 사람들만 오는 곳인 모양이었다. 전쟁에서 비껴난 다른 세상이었다.

임형선처럼 보통 사람들이 겪는 일상은 달랐다. 곳곳에 전쟁의 그림자가 스며 있었다. 일본이 미국과 태평양 전쟁을 치르면서 영어는 적국의 언어가 되었다. 파마는 전발(電髮)이라는 용어로 바꿔 불렸다. 전발은 화려하다며 정숙한 헤어스타일

숙발이 생겼다. 머리 한 가닥도 일어나지 않게 기름을 발라 착 달라붙게 만들면 숙발이 되었다. 그래도 이미 멋의 맛을 알아 버린 여성은 파마를 했다. 전쟁통에 전기를 쓰지 말라고 하면 숯으로 파마를 했다. 그래도 역시 전쟁은 전쟁. 전쟁 분위기가 심해질수록 헤어스타일이든 옷차림새든 단순해질 수밖에 없었다. 일제는 여성에게 한복 치마 대신 몸뻬를 입게 했고 남자는 국민복을 입게 했다. 몸뻬는 일본 여자가 일할 때 입는 바지로 통이 넓은 바짓부리에 고무줄을 넣어 발목을 죄었다.

화신백화점 지하 1층은 식품과 그릇 매장이었다. 1층에는 안내 데스크, 상품권 매장, 화장품, 양품 잡화부, 여행 안내소가 있었다. 임형선은 양품 잡화, 주단포목, 귀금속, 시계, 안경 매장 등이 있는 2층으로 올라가 9년 전 화신 미용부 자리를 찾아보았다.

'이쯤인가?'

화신 미용부가 있었을만한 위치를 대충 가늠해 보았다. 그러자 불현듯 떠오르는 얼굴은 구라마치, 항상 기모노를 입고 있었던 일본인 미용사였다. 구라마치 미용사가 아니었다면 미용 기술을 배울 수 있었을까. 당시 오엽주는 2시간씩 화장을 하고 밖으로 돌아다니기 바빴다. 바쁜 만큼 인맥도 화려했다. 너무 화려해서 임형선은 오엽주를 부러워할 생각조차 하지 않았다. 오히려 구라마치를 롤 모델로 삼았다. 미용 기술을 열심히 배워 정식 미용사가 되면 인생이 좀 달라질 줄 알았다. 큰 돈을 벌지는 못해도 배 안 곯고 무시당하지 않고 살 줄 알았다. 그러나 그것은 순전한 착각이었다. 알고 보니 오엽주만 예외적인 미용사였다. 사람들이 미용사를 어떻게 생각하는지, 사회에서 미용사가 어떤 위치에 있는지, 적나라하게 깨닫게 해 준 사건이 있었다.

"얼마 받았어? 돈 바라고 그 집 아들을 유혹한 거지? 그 집 아들한테 받은 거 다 말해. 그래야 여기서 나갈 수 있어!"

스무 살 임형선이 느닷없이 잡혀간 동대문 경찰서에서 형사가 한 말이었다. 그 집 아들은 인사동에 있는 어느 병원장의 아들이었다. 병원장 부인이 오엽주와 친했는데, 그 집에서 화장수를 만들어 미용실에 보내면 오엽주가 대신 팔아주었다. 그때 화장수 심부름을 했던 사람이 바로 병원장 아들이었다. 그 아들이 임형선을 좋다며 쫓아다녀서 몇 번 만났다. 그걸 괘씸하게 여긴 병원장이 동대문 경찰서에 임형선을 고발했다. 천한 미용사가 돈을 노리고 우리 집 귀한 아들을 유혹했다고.

"받은 거 하나도 없고, 다방에 몇 번 따라가서 차 얻어 마신 게 다예요."

임형선은 억울함과 두려움에 벌벌 떨면서 말했다. 형사는 처음부터 그럴 줄 알았다는 듯, 원래 짜놓은 각본이라도 있기나 한 듯, 씩 웃으며 간단하게 정리했다.

"박 원장이 나쁘네. 유혹할 사람이 따로 있지. 어이, 순진한 아가씨. 그 집 아들, 앞으로는 만나지 마. 무조건이야. 알겠어? 어서 가봐."

동대문 경찰서에서 풀려난 임형선은 심장이 쩍 갈라지는 소리가 머릿속에서 울렸다. 미용사가 이토록 천한 직업인지, 미용사라는 이유로 이렇게 함부로 대해도 되는지 모멸감에 살이 떨렸다.

얼마 후 임형선은 병원집 아들이 단양 부잣집 딸과 결혼했다는 소문을 들었다. 그날 퇴근길에 혼자 터덜터덜 걸어가다 피식피식 웃다가 중얼중얼 혼잣말을 하다가 눈물을 찔끔찔끔 짰다. 지나가는 사람들이 쳐다봤지만 임형선은 아무것도 알아차리지 못했다.

그게 벌써 3년 전의 일이었다. 임형선의 눈에 2층 주단포목 매장이 들어왔다. 누군가 결혼 준비를 하는 모양이었다. 중년 여자들 가운데 신부인 듯 앳된 얼굴이 보이는데, 이럴 수가! 불과 몇 달 전 임형선의 모습이 아닌가. 순간 임형선은 자신이 지금 신혼이라는 사실에 화들짝 놀랐다.

'귀신한테 씌지 않고서야 어떻게 그렇게 결혼을 했을까.'

임형선은 아직도 자신의 결혼이 믿기지 않았다.

'그날을 되돌릴 수만 있다면….'

그리고는 손바닥으로 자신의 이마를 쳤다.

그날 임형선은 숯불에 달군 고데기로 배우 복혜숙의 머리를 손질하고 있었다. 고데기가 찰칵찰칵 소리를 내고 있을 때 양장을 한 낯선 여자가 미용실에 불쑥 들어왔다. 꼭 할 이야기가 있다며 병원장 아들 이름을 슬쩍 흘리더니 아래층 다방에서 기다리겠단다. 임형선은 복혜숙의 고데를 끝낸 후 일부러 다른 사람의 머리까지 봐준 다음 느릿느릿 아래층으로 내려갔다. 다방으로 가는 동안에도 갈까 말까, 다방 문 앞에 도착해서도 들어갈까 말까, 계속 망설이다가 들어갔다.

낯선 여자는 자신을 안국동 병원장과 재혼한 사이라고 소개했다. 요리조리 살피며 뜸을 들이다가 찾아온 용건을 꺼냈다. 3년 전 병원장 아들은 아버지의 성화에 못 이겨 억지로 결혼식을 올리고 혼자 일본으로 도망을 쳤다, 신부는 호적에 이름도 안 오른 채 기다리다 지쳐 친정으로 돌아가 버렸다, 아들은 아직도 형선을 좋아한다, 자식 이기는 부모 없다더니 병원장도 고집을 꺾었다, 이제는 병원장 아들과 결혼할 수 있다, 자신과 병원장은 곧 중국으로 가서 북경에 병원을 열기로 했다, 그러니 시집살이 할 것도 없다, 원한다면 경성에서 미용 일도 계속할 수 있다는 내용이었다.

정말 귀신이 조화라도 부린 듯 결혼은 일사천리로 진행되었다. 결혼식은 병원장이 체면 운운하며 호텔에서 하자고 우겨 그렇게 하기로 했다. 아무나 호텔 결혼식을 하던 때가 아니라

서 결혼식장은 잡기가 쉬웠다. 신혼살림은 임형선이 살던 집에 차리기로 해서 따로 준비할 것도 없었다. 모든 게 금방이었다. 결혼식 날 키가 크고 여리여리하게 생긴 신랑은 연미복을 입었고, 임형선은 새하얀 한복을 입고 머리에 레이스 달린 면사포를 썼다.

화신백화점 3층에는 양품 잡화, 부인 아동품, 가봉실, 완구, 수예 매장이, 4층에는 남성용품이 있었다. 임형선은 3, 4층을 건너뛰고 5층으로 올라갔다. 5층에는 조선 특산품점, 악기점, 사진관과 대식당이 있었다. 화신백화점에서 소문난 대식당은 벽과 천정이 모두 흰색 회벽에 아무런 장식도 없이 깔끔하고 단순한 모던 스타일이었다.

결혼식 피로연이 열린 호텔 식당도 비슷한 분위기였다. 순간 임형선의 미간이 찡그러졌다. 시아버지가 피로연을 하기도 전에 호텔 식당 앞에서 고래고래 고함을 질러대는 모습이 생각났다.

"신부는 돈을 안 냈으니 신부 손님들은 다 나가시오!"

시아버지의 벌건 서슬에 어머니와 고향에서 온 아버지까지 얼굴을 붉히며 나가버렸다. 신부 측 하객은 병원집과 친분이 있던 오엽주만 참석했다. 돈 때문에 신부 측 하객을 쫓아낸 피로연이라니. 박대도 그런 박대가 없었다.

'그때 거기서 면사포를 벗어 던지고 나왔어야 했어. 이런 결

혼은 못 한다고, 그랬으면 더 험한 꼴은 당하지 않았겠지.'

임형선의 눈가가 붉어졌다. 화신백화점 위층으로 올라가는 어깨가 가늘게 떨렸다. 6층에는 가구와 가전 매장, 운동 기구가 있는 헬스 센터와 행사용 대형 홀이 있었다. 홀 문이 빼꼼히 열려 있었다. 살며시 안으로 들어가 가만가만 의자에 앉았다. 대형 홀에는 층마다 같은 위치에 있던 기둥이 없었다. 대형 홀 가운데 기둥이 있었다면 무대를 보는 관객의 시선을 가렸을 것이다.

영원한 동아시아의 안정을 위하여 빠른 승전을 기원하자!
황민을 자각하고 대동아건설을 위해 전력 증강에 매진하자!
국민총력조선연맹…

무대 벽면에 굵은 붓글씨로 눌러쓴 대자보가 붙어 있었다. 임형선은 대자보만 펄럭이는 텅 빈 무대를 바라보았다. 바둑판 같은 평지에 회색 벽돌로 만든 사합원 수천 개가 미로처럼 짜여 있는 북경의 풍경이 떠올랐다. 신혼여행을 갔다 오자마자 남편은 시부모가 있는 북경으로 가자고 고집을 부렸다. 임형선은 다람쥐 쳇바퀴 도는 일상에서 벗어나고 싶었다. 어머니와 여동생을 경성에 남겨둔 채 1, 2년을 예상하고 남편을 따라 북경으로 갔다.

북경의 시집살이는 혹독했다. 의사를 대단한 신분으로 여기는 시아버지의 입은 험했다. 이것, 저것, 배우지 못한 것, 그리고 천한 것… 시아버지가 형선을 부르는 단어는 모두 '-것'으로 끝났다. 사람이 아니라 사물을 가리키는 단어는 모멸감의 칼날이 되어 가슴에 촘촘히 박혔다. 기대고 싶었던 남편마저 무능하고 무기력했다. 그제야 눈에 씌었던 수천 겹의 콩깍지가 떨어져 나갔다. 임형선은 자신의 결혼이 실패했음을 직감하고 북경에 간 지 3주 만에 혼자 경성으로 돌아왔다. 친정집에 짐을 풀고 나서 발길 가는 대로 걷다보니 화신백화점이었다.

눈에서 눈물이 툭 떨어졌다. 손등으로 얼굴을 훔치고 화신백화점 옥상으로 올라갔다. 겨울이 아니었으면 화려했을 옥상 정원은 쓸쓸했다. 옥상 난간에서 종로를 내려다보았다. 현기증이 났다. 종로에서 화신백화점보다 더 높은 건물은 없었다. 맞은편에 한청빌딩이 있고, 그 옆으로 조금 더 내려가면 영보빌딩이 있었다.

두 손바닥을 허공에 펼쳤다. 열세 살 때 화신백화점 2층 화신 미용부에서 시작했던 무보수 조수 생활, 기생집을 돌아다니며 행상 미용을 했던 열다섯 소녀 시절, 영보빌딩 4층 엽주 미용실의 정식 미용사가 되기까지 9년의 세월이 흘렀다. 그 세월을 증명해주듯 임형선의 손바닥은 지문이 닳아 반들반들했다. 무조건 꾹 참고 기술을 배우라던 김 선생의 말이 맞았다.

자신처럼 가진 것 하나 없는 사람에게 기술은 생존 무기였다. 임형선은 사방을 휘 둘러보며 심호흡을 크게 했다.

'그래도 다행이다. 내가 배운 기술로 내 손으로 벌어서 살 수 있다는 것이. 내가 손만 놀리면 어머니와 동생은 먹여 살릴 수 있다.'

급하게 옥상 정원을 내려가 밖에서 화신백화점을 쳐다보았다. 묵직하고 당당했던 건물이 이제는 각반을 찬 군인처럼 딱딱하게 느껴졌다. 몸을 돌려 영보빌딩으로 향했다. 발걸음이 점점 빨라졌다. 몸은 얼었는데 얼굴은 붉게 상기되었다. 영보빌딩에 도착한 임형선은 엘리베이터를 타지 않고 영보빌딩 4층까지 뛰어 올라갔다. 그리고 거침없이 엽주미용실 문을 힘차게 열었다.

죽을 각오로 싸운다

Space #7_ 평원고무공장 & 대동방적공장
Woman #7_ 강주룡 & 강경애

1931년 5월 28일 자정 무렵, 평양 선교리 평원고무공장 여공 강주룡은 광목 한 필을 움켜잡았다. 심호흡을 한 후 광목 한쪽 끝에 돌멩이를 매달아 하늘을 향해 내던졌다. 옛 고구려 축성술로 만든 12미터 높이의 축대 위로, 동·서·북면에 쌓은 평여장과 총안 위로, 묵직한 사각 돌기둥과 목조 흘림기둥 위로, 이익공 공포와 겹처마 팔작지붕 위로, 더 이상 오를 곳이 없을 듯한 그 너머로 광목을 던져 올렸다. 마침내 탁, 돌멩이를 단 광목 끝자락이 지붕에 걸렸다. 강주룡은 그네를 타듯 광목 줄에 매달려보았다.

'안전하겠군.'

강주룡은 광목 줄을 타고 을밀대 용마루로 올라갔다. 평양에서 가장 높다는 을밀대의 지붕 위에 걸터앉았다.

사방이 시원하게 탁 트인 을밀대, 과연 모란봉 유적들과 대동강 절경이 한 눈에 들어오는 위치였다. 계절은 평양 팔경으로 유명한 을밀상춘(乙密賞春, 을밀대에서 바라보는 봄 경치)의

5월, 낮이면 낮대로 관광객이 오고 밤이면 밤대로 연인들이 온 다더니 이 깊은 밤에 기생을 끼고 산보하는 남자 두 명이 저 아래 보였다.

땀이 증발하자 소름이 뾰족하게 돋았다. 강주룡은 광목을 펼쳐 온몸에 휘감았다. 광목의 옅은 온기와 대동강의 아득한 물소리에 날선 신경이 느슨해졌다.

'좋은 봄날이구나. 이 좋은 날 이 좋은 곳에서 나는 이제 무엇을 하려는가.'

강주룡은 밤의 적막을 응시했다. 연습이라도 하듯 입술을 달싹거렸다.

"여러분, 우리가 파업을 하는 것은 우리만의 문제가 아니 고…."

눈앞에 그날의 광경이 펼쳐졌다.

5월 16일, 평양 평원고무공장 사측은 일방적으로 임금을 삭감하고 통보했다. 고무 공장 직공 대부분은 30대 전후의 기혼 여공으로, 남공의 반밖에 안 되는 임금을 받으며 가족의 생계를 책임지고 있었다. 작년에는 평양 고무 공장주들이 담합하여 임금을 인하했다. 그때 평양의 고무 공장 직공 모두가 들고 일어나 총파업을 벌였다. 결과는 실패였다.

이번에는 평원고무공장만 임금 삭감을 강행했다. 여기에서 또 지면 그 영향은 다시 평양 전체의 고무 공장으로 번질 것이 뻔했다. 평원고무공장 여공들은 파업을 결정했다. 사측은 코대답도 하지 않았다. 5월 28일, 파업 여공들은 단식 투쟁에 들어갔다. 노동자의 배고픈 삶을 더 배고프게 하려던 사측은 막상 노동자가 굶는 투쟁을 시작하자 펄쩍 뛰었다. 당장 파업 노동자 전원을 해고하겠다고 협박했다. 그날 밤 경찰을 투입하여 노동자들을 공장 밖으로 끌어내고 강제 해산시켰다.

노조 간부였던 강주룡은 쫓겨나오면서 딱 하나만 생각했다.

'어떻게 알릴까. 어떻게 알려야 세상 사람들이 사측의 횡포와 우리들의 싸움을 알까.'

아무리 생각해봐도 답은 뻔했다. 누구 하나 죽어야만 될 성 싶었다. 그래야 이 미천한 여성 노동자의 절박한 목소리에 한 번쯤 귀를 기울일 것 같았다. 강주룡은 광목 한 필을 가지고 을밀대로 향했다. 사람들이 많이 다니는 을밀대 아래 벚나무에 광목을 걸었다. 순간, 번쩍 뒤통수를 때리는 각성!

'여자가 목매달아 죽는 것, 그것은 여태껏 한 많은 여자가 억울하고 원통한 사연을 호소하는 마지막 방법이 아니었던가. 그렇게 죽고 나면 죽은 사람의 목소리가 그대로 전달되었던가? 죽어 버린 마당에 죽을 수밖에 없었던 이유는 산 사람의 입으로 알려진 것이 아닌가? 산 사람의 입에서 죽은 당사자의 진실은 뒤틀리고 부풀려지지 않았던가? 그러니 내가 이대로 죽는다면? 여성 노동자 강주룡의 항거는 어디론가 사라지고, 젊은 과부년 강주룡이 어쩌고저쩌고 하다가 별 수 없이 죽 었다고 그렇게 산 자의 입맛대로 끝나버린다면?'

섬뜩했다. 강주룡은 바로 광목을 걷었다. 전통적이고 무기 력한 의식을 그만두기로 했다.

'죽을 때 죽더라도 내 목청껏 할 말은 하고 싸운 다음에 죽 자!'

강주룡은 누군가를 떠올렸다. 작년 겨울 일본 후지 가스 방 적 가와사키 공장에서 노동 쟁의가 일어났다. 사측이 워낙 강 경하게 대응하면서 노동자의 투쟁은 패색이 짙어졌다. 그때 노동 운동가 다나베 기요시가 공장 굴뚝 위로 재빠르게 올라 갔다. 아무도 예상치 못한 행동이었고 다들 처음 보는 광경이 었다. 굴뚝 위에 오른 그는 노동 쟁의를 알리며 농성을 시작했 다. 굴뚝 농성은 6일 동안 계속되었고 효과는 확실했다. 난생 처음 보는 광경에 사람들의 눈과 귀가 몰렸고 입소문은 빠르 게 퍼졌다. 그동안 눈 하나 꿈쩍 안 하던 사측과 경찰은 당황했 다. 천황의 귀에 들어갈까 봐 안절부절못하던 경찰은 제압 대 신 조정을 선택했다. 결국 노동 쟁의는 타결되었고, 다나베 기 요시는 굴뚝에서 내려왔다. 그 후 그는 굴뚝남이란 별명을 얻 었고, 굴뚝 농성은 노동 투쟁의 새로운 전술로 떠올랐다.

'나도 그럴 수 있을까. 우리도 성공할 수 있을까. 이 을밀대 지붕에서…'

한밤의 고요 속에서 긴장이 풀리자 강주룡은 금방 잠에 빠져들었다.

"저기 사람이 있다!"

강주룡은 찬물을 뒤집어 쓴 듯 놀라 깨어났다. 어느새 희뿌옇게 동이 트고 있었다.

"저기 사람이 올라가 있다!"

누군가의 외침이 새벽 을밀대를 오르는 사람들을 강주룡 앞으로 끌어당겼다. 강주룡은 무릎을 감싸고 있던 팔을 풀고 허리를 꼿꼿하게 세웠다.

'이제 시작해야 하나? 다나베 기요시처럼.'

강주룡은 마른 침을 삼켰다. 웅성거리던 사람들이 조용해졌다. 강주룡의 목구멍에서 단단한 노동자의 의식이 터져 나왔다.

"여러분, 우리가 임금 문제로 파업을 하는 것은 우리 공장만의 문제가 아닙니다. 이번에 이대로 결정되면 얼마 못가서 평양의 2,300명 고무 직공 모두에게 영향을 줄 겁니다. 그래서 우리가 죽기로 반대하는 것입니다. 우리 동료들의 살이 깎이지 않기 위하여 내 한몸 죽는 것은 아깝지 않습니다. 그동안 내가 배워서 아는 것 중에서 가장 큰 지식은 바로 대중을 위하여 자신을 희생하는 게 명예로운 일이라는 것입니다. 그래서 나는 죽을 각오로 이 지붕 위에 올라왔습니다. 평원고무공장 사장이 이 앞에 와서 임금 인하를 취소할 때까지 나는 절대로 내려가지 않겠습니다. 그러니 여러분, 나를 여기에서 강제로 끌어내릴 생각은 마십시오. 누구든지 이 지붕 위에 사닥다리를 대 놓기만 하면 나는 떨어져 죽을 것입니다."

이 을밀대 농성은 '체공녀 강주룡'이라는 제목으로 신문에 대서특필되었다. 체공녀가 된 강주룡은 한국 노동 운동사에서 최초로 고공 농성을 했던 여성 노동자였다.

여자와 사기그릇은 밖으로 내돌리면 못쓴다고 했다. 여자와 북어는 사흘에 한 번씩 두들겨 패야 한다고 했다. 그렇게 오랜 세월 집안에 갇혀 살아온 여자들이 집 밖으로 나가 노동을 하고 돈을 벌기 시작했다. 많이 배운 신여성도 아니었고 교회 전도 부인도 아니었다. 입 한 번 뺑긋 못하던 여자들이 집 밖에 나가더니 파업이니 투쟁이니 하기 시작했다. 예전에는 듣도 보도 못한 공장이라는 곳에서, 여공이라는 낯선 이름으로 말이다.

공장에서 일하는 여자를 뜻하는 여공이라는 표현이 처음 신문에 등장한 것은 1919년이었다. 제1차 세계대전 동안 일본의 자본주의는 급속도로 발전하여 식민지 조선에도 영향을 미쳤다. 조선 총독부는 1910년부터 조선인의 기업 설립을 막기 위해 실시해온 회사령을 1920년에 폐지하였다. 조선에서 회사를 설립하려면 조선 총독의 허가를 받아야 했던 것이 신고제로 바뀌자 일본 기업들이 앞 다투어 조선으로 진출하였다. 그동안 회사령으로 억눌렸던 조선의 기업도 기지개를 켜기 시작했다. 1920년대 초반은 공업 성립기라고 할 만큼 공장 수가 증가했다. 1920년대 후반이 되자 조선인이 운영하는 공장이 급증하고 고용된 노동자 수도 빠르게 증가했다. 1911년 250여 개였던 공장이 1920년대에 2천개를 넘었고, 1943년에는 공장 노동자가 50만 명이나 되었다.[49]

물론 조선은 여전히 농업 위주의 사회였다. 공장 노동자 수가 증가했지만 전체 인구를 놓고 보면 적은 부분이었다. 공장 수의 증가도 공업의 질적인 성장을 의미하는 것이 아니었다. 근대 공업에 어울리는 업종 수나 생산액은 일본 기업이 압도적으로 많았다. 조선인의 업종은 정미업이나 양조업처럼 농산물 가공업이거나 공정과 기술이 단순한 고무 공업과 메리야스 공업이 많았다. 기계 설비 같은 대자본이 들어가는 방직업이나 제사업은 일본인이 주도했고 조선인은 소수에 불과했다.[50]

여공을 많이 뽑는 업종은 제사 공장, 방직 공장, 고무 공장, 정미소였다. 업종별로 고용하는 여공의 연령대가 달랐다. 일본 대자본이 운영하는 제사 공장과 방직 공장은 주로 10대

와 20대 미혼 여성을 뽑았고, 16세 미만의 미성년자도 많았
다. 그런 공장은 규모가 커서 여공 수가 적으면 100명, 많으면
1,000여 명에 이르렀고 대부분 기숙사 생활을 했다. 조선인이
중소 자본으로 만든 고무 공장과 정미소는 기숙사가 필요 없
는 30대 기혼 여성을 선호했다. 전반적으로 여공 수는 꾸준히
증가하여 1934년에 여성이 전체 임금 노동자의 34퍼센트를
차지했다.[51]

그런데 그 여공들이 누구인가. 수백 년 동안 문밖출입조차
마음대로 할 수 없었던 여성이었다. 왜 그들은 집 밖으로 나가
임금 노동자가 되었을까. 경제 환경의 변화? 근대 언저리를 맴
돌던 시기였으니 그럴 만했다. 가난? 피지배층의 가난은 일상
이고 운명이 아니었던가. 그러니 가난이라 하더라도 이전과는
다른, 회복하기 힘든 상태의 가난이었을 터였다. 부패하고 탐
욕스러운 관리의 착취는 기본이고 일제의 수탈 정책까지 짓눌
러 농촌이 몰락하고 가족이 해체될 정도의 지독한 가난이었다.

수탈의 주범은 토지 조사 사업과 산미 증식 계획이었다. 동
양척식주식회사는 1910년부터 1918년까지 토지 조사 사업을
벌였다. 명분은 근대적인 소유권 제도 확립이었지만, 진짜 속
셈은 토지 조사를 통해 토지를 강탈하는 것이었다. 토지 조사
가 끝나자 세습적으로 농사를 지어온 농민의 토지 점유권은
조선 총독부, 일본인, 조선인 신생 지주에게 넘어갔다. 자작농

은 소작농으로, 소작농은 머슴이나 품팔이꾼으로 몰락했다.

설상가상으로 1920년부터는 산미 증식 계획도 실시되었다. 일본은 자본주의가 발전하면서 도시 노동자가 늘고 농업 생산력이 떨어지자, 자국의 식량 문제를 조선에서 해결하려고 했다. 조선의 토지를 개량하고 쌀 생산량을 늘려 일본의 식량 공급 기지로 삼았다. 산미 증식 계획으로 쌀이 증산되긴 했지만 조선의 농지는 이미 포화 상태여서 효과가 그리 크지는 않았다. 산미 증식으로 증산된 쌀보다 더 많은 쌀이 일본으로 수출되어 정작 쌀을 생산한 조선인은 식량 부족에 시달렸다. 중소 지주와 자영농은 수리 조합비와 증산에 투입된 운반비 등을 부담하지 못해 싼 값에 토지를 내놓았고 그 토지는 일본인에게 돌아갔다. 소작농은 고율의 소작료와 고리대를 견딜 수 없었다.[52]

토지 조사 사업과 산미 증식 계획으로 수많은 농민이 유랑민이 되어 도시를 떠돌거나 살 길을 찾아 만주나 시베리아로 떠났다. 1925년 조선 총독부 추산에 따르면 이농민 중 73.4퍼센트가 국내 도시 지역으로, 나머지가 일본, 만주, 시베리아로 이주했다. 집안에 갇혀 살던 아내와 딸들도 가족의 생계를 위해 집 밖으로 나갔다. 일제 강점기에 여성이 남성보다 더 많이 도시로 이주했는데, 주로 10세~24세의 노동 연령층이었다.[53]

강주룡은 1901년 평안북도 강계에서 태어났다. 열네 살이 되던 해에 가난에 쫓겨 부모를 따라 서간도로 갔다. 서간도에서 농사를 지으며 살다가 스무 살이 되었을 때 길림성 통화현에서 최전빈과 결혼을 했다. 강주룡은 다섯 살 어린 남편이 귀엽고 사랑스러웠다. 남편의 사랑을 받기보다 남편을 사랑했다던 그는 동네 사람들이 부러워할 만큼 남편과 사이가 좋았다.

결혼한 지 1년이 되었을 때 최전빈은 항일 무장 투쟁 단체인 대한독립단 제2중대에 가담했다. 강주룡은 남편을 따라 갔지만 6개월쯤 지나자 남편이 말했다.

"귀찮으니 집에 가 있어라!"

진심이 아닌 걱정이라는 것을 알기에 강주룡은 섭섭함을 참고 본가로 돌아갔다. 다시 6개월 후, 갑자기 남편이 위독하다는 소식에 100여 리나 떨어진 촌락으로 득달같이 갔다. 가망 없는 남편에게 자신의 손가락을 잘라 피를 먹이며 애를 태웠지만 그날 밤 남편은 죽고 말았다. 그래도 행여나 살아 있을까 싶어 바늘로 남편의 살을 찔러보다가 넋 나간 듯, 이럴 수는 없다는 듯, 싸늘한 남편의 시신 옆에 밤새도록 붙어 누웠다. 다음 날 아침 강주룡은 병문안을 온 사람들과 장례를 치렀다.

시집의 인심은 고약했다. 남편 죽인 년이라고 욕설을 퍼붓고 행패를 부리다가 급기야 중국 경찰에 고발했다. 졸지에 살인자로 몰린 강주룡은 누명이 풀릴 때까지 중국 경찰서에 1주일 동안 갇혀 있었다. 그것으로 결혼 생활은 끝나고 말았다.[54]

강주룡의 가족은 10년 만에 귀국했다. 떠날 때와 다름없이 가난한 처지의 삶은 좀처럼 달라지지 않았다. 열네 살 소녀는 이제 스물네 살 과부가 되었다. 노부모와 어린 동생의 생계까지 짊어진 가장이기도 했다. 집도 땅도 하나 없이 빈손으로 돌아왔으니, 이제 어떻게 살아갈 것인가.

10년이면 강산이 변한다고 했다. 그동안 조선의 도회지는 놀랄 정도로 변했다. 구불구불 좁디좁은 골목 대신 신작로가 시원하게 뚫렸고, 그 위로 하늘 높이 가로수가 뻗어 있었다. 정거장 뒤로 보이는 읍내는 큰 시가를 이루었다. 고개를 들면 전선이 거미줄처럼 얽혀 있고, 그 아래로 새로 지은 건물들이 즐비하게 늘어섰다. 전등은 읍내의 밤을 낮처럼 밝혀 주었다. 하천 옆으로 높은 담을 두른 공장들이 서 있고, 우뚝 솟은 시멘트 굴뚝에서 검은 연기가 밤낮없이 쏟아져 나왔다. 그 광경을 보며 주먹을 불끈 쥐었다.

'아, 죽으라는 법은 없구나! 저곳에 밥벌이가 있다!'

강주룡이 귀국해 새 삶을 꾸릴 무렵 강경애는 북간도 용정을 떠나 조선으로 돌아오고 있었다. 10여 년 전 강주룡이 가족과 함께 조선을 떠난 것이 가난 때문이었다면, 2년 전 강경애가 홀로 조선을 떠난 것은 멸시 때문이었다. 후처 자식, 여학교 퇴학, 혼전 동거는 전통 사회에서 멸시의 대상이었다.

강경애는 1906년 황해도 송화에서 빈농의 딸로 태어났다. 네 살 나던 해에 아버지가 사망하자 어머니는 호구지책으로 황해도 장연에 사는 남자의 후처가 되었다. 계부는 환갑이 넘은 장애인이었고 전처가 낳은 아들과 딸이 있었다. 어머니는 말이 후처였지 몸종이나 다름없었다. 강경애는 몸종 같은 후처가 데려온 딸, 구박데기로 자랐다.

여덟 살 무렵에 강경애는 계부가 보다가 둔 『춘향전』을 보며 한글을 깨쳤다. 활자 중독에 걸린 듯 『삼국지』 『옥루몽』 『조웅전』 『숙향전』 같은 고전 소설을 밥보다 달게 읽었다. 동네 노인들은 그런 강경애를 불러내 과자를 사 먹이며 소설을 읽어 달라고 했다. 처음에는 이야기책을 읽어주다가 나중에는 자신이 지은 이야기를 들려주면서 도토리 소설쟁이라는 별명을 얻었다.

학교는 열 살이 지나서야 어머니의 애원으로 겨우 다닐 수 있었다. 책과 공부를 좋아했지만 월사금과 학용품 살 돈 없이 다니는 학교생활은 좌절과 고통이었다. 그런데도 진학은 할 수 있었다. 열여섯 살에는 의붓언니와 결혼한 형부의 도움으로 평양 숭의여학교에 입학했다. 열여덟 살 봄, 장연 태생의 양주동이 문학 강연을 하러 장연에 왔다. 맨 앞줄에 앉아 강연을 듣던 강경애는 그날 밤 양주동을 찾아가 배움을 청했다. 얼마 후 두 사람은 연인이 되었다. 그해 가을 학내 동맹 휴학에 가담했다가 퇴학을 당한 후 경성으로 가서 양주동과 동거하며 문학 공부를 하고 동덕여학교 3학년에 편입했다. 열아홉 살 봄, 양주동이 주재하던 잡지에 '강가마'라는 필명으로 짧은 시 「책 한 권」을 발표했다. 도토리 소설쟁이가 문단의 중심인 경성에서 그나마 문학 언저리의 햇살이라도 쬐었던 것은 거기까지였다. 열아홉 살 가을, 강경애는 양주동과 헤어졌다.

다시 돌아온 장연은 가난과 모멸의 땅이었다. 여학교 퇴학과 연애 사건으로 가족과 동네 사람의 냉대는 지독했다. 스무 살에 수렁에서 탈출하듯 북간도로 떠났다. 투쟁과 시련의 땅 간도에는 혼란과 궁핍과 참혹한 일상이 널려 있었다. 가난은 강경애를 집요하게 따라다녔고 평생 고통받을 병까지 얻었다.

아무리 발버둥 쳐도 결국 장연으로 회귀하고 말았다. 그러나 이번에는 좀 달랐다. 인생의 낭떠러지 끝에서 추락하기 직전에 움켜잡은 각오와 결심이 있었다. 더 이상 멸시받고 짓밟히며 살지 않겠다는 각오. 그리고 소설을 써야겠다는 결심이 선명했다.

강주룡은 귀국 후 처음 1년 동안 사리원에서 가족을 부양했다. 다음 해에는 평양으로 가서 대동강변 선교리에 있는 평원고무공장의 여공이 되었다. 고무신은 짚신보다 내구성과 착용감이 좋고 방수도 잘되어 날로 인기가 치솟았다. 자연스레 고무 공장도 나날이 늘어났다. 고무 공장에서 여성과 남성의 일은 정해져 있었다. 소수인 남성은 주로 사무직과 기술직으로 일했고, 다수인 여성은 고무신 성형 같이 세밀하고 꼼꼼한 노동 집약적인 일을 했다.[55]

맡은 일이 다르니 임금도 달랐다. 사무직이나 기술직 남성은 정액 급여를 받았고, 여공은 만든 개수에 따라 임금을 받는 성과급제였다. 불량품이 나오면 벌금이 매겨졌다. 문제는 불량품을 판정하고 벌금을 매기는 감독이 남성이라는 것. 감독의 자의적인 판정에 따라 불량품 배상액이 하루 품삯보다 많은 경우도 있었다. 감독의 몸수색과 성희롱, 욕설과 구타도 일상적으로 일어났다.

일하는 환경도 열악하기 짝이 없었다. 뜨거운 양철 지붕 아래 바라크 건물 안은 환기 시설조차 제대로 갖추지 않았다. 다닥다닥 붙은 작업대에 앉아 아침 7시부터 밤 9시가 넘도록 하루 14시간 이상씩 노동했다. 생고무에 황을 섞고 열을 가해 경화시키고 롤러로 밀어 고무판과 밑창을 만들었다. 고무판을 고무신 모양의 금형에 넣고 밑창을 붙여 증기 철가마에서 고온으로 쪄내 고무신을 만들었다. 생고무와 화공약품 냄새, 증기 가마에서 뿜어져 나오는 열로 공장 안은 벌겋게 달아올랐다. 고무 냄새로 여공은 늘 코가 얼얼했고 두통을 달고 살았다.

상황은 갈수록 나빠졌다. 1920년대 말 한창 잘나가던 고무 공업이 1930년대 대공황의 여파로 불황을 맞았다. 공장주가 손쉽게 선택한 해결 방안은 임금 삭감이었다. 직공의 임금은 해가 갈수록 낮아져서 1930년대 중반에는 10년 전 임금의 절반도 안 되었다. 참다못한 직공들은 노동 쟁의를 일으켰다.

공장주와 직공의 대결은 일정한 양상으로 전개되었다. 중소 자본가인 고무 공장주들이 담합하여 임금 삭감, 해고, 노동 시간 연장을 강행하면 직공들은 지역 단위로 연대하여 파업을 일으켰다. 공장주가 파업 가담자를 모두 해고하고 새 직공을 모집하면 파업 직공들은 결사대를 조직하여 공장을 습격하였다. 그때 경찰이 개입하면 단순 파업으로 끝나지 않았다. 무슨 노동 총동맹이니 무슨 적색 노조니 하는 이름이 배후 세력으로 지목되고 노동자의 파업은 붉은색 불령선인 사건으로 둔갑하였다.

1930년 8월부터 평양에서는 한 달 동안 고무 공장 직공들이 총파업을 벌였다. 2,000여 명 파업 노동자 중에서 3분의

2가 여공이었다. 여공은 임금 인하 반대나 해고 반대만 외치지 않았다. 산전 산후 3주간 휴양과 생활 보장, 수유 시간 자유 등 여성 노동자의 모성 보호도 요구했다. 여공은 결사대를 조직하고 완강하게 대응했지만, 직공 대표단을 구성하는 남성 직공 일부가 경찰의 회유에 넘어갔다. 그게 알려지면서 직공 대표단과 직공들 사이에 불신이 일어났고, 불신은 자중지란이 되었다. 결국 총파업은 많은 희생자를 남긴 채 실패로 끝났다.[56]

　1931년 5월, 강주룡이 가담한 평원고무공장 파업은 그때와는 달랐다. 평원고무 공장주는 단독으로 임금 인하를 강행했고 다른 공장주들은 사태의 추이를 지켜보았다. 임금 인하가 성공하면 평양의 다른 고무 공장도 임금을 내릴 태세였다. 고무 공장 5년차 강주룡은 1930년 8월의 총파업을 떠올렸다. 그때 2,000여 명이 덤벼도 실패했는데, 이번 평원고무공장 파업은 고작 49명에 불과했다. 사측은 이미 파업 노동자 전원을 해고하고 새 직원을 모집한 상태였다. 아무래도 질 것이 뻔한 싸움이었다. 그렇다고 가만히 앉아 있을 수도 없는 노릇이었다.

　'낙숫물이 댓돌을 뚫는다고 했다. 낙숫물 한 방울씩, 아무리 작은 힘이라도 꾸준히 계속하면 뭐라도 변화가 생기는 것이 아닌가. 그러니 지금은 내가 낙숫물이다. 내가 댓돌을 향해 떨어지고 나면 다음 낙숫물이 또 떨어지고, 계속 그렇게 댓돌이

뚫어질 때까지 낙숫물이 떨어지면….'

그런 사명감에 젖어 강주룡은 을밀대에서 외쳤다.

"여러분, 우리가 파업을 하는 것은 우리 공장만의 임금 문제 때문이 아닙니다. 이번에 이대로 결정되면 얼마 못가 평양의 고무 직공 모두에게 영향을 줄 겁니다. 그래서 우리가 죽기로 반대하는 것입니다."

강주룡이 열변을 토하는 동안 평양 경찰서는 소방대와 경찰 40여 명을 출동시켰다. 을밀대는 남쪽에서 보면 지상에서 20여 척밖에 안 되는 높이지만 북쪽으로는 130여 척이나 되었다. 떨어지면 뼈도 못 추릴 만큼 위험했다. 구명 도구를 중간에 쳐놓고 동작이 빠른 소방수 3명이 몰래 기어 올라갔다. 뒤에서 살금살금, 그대로 강주룡을 아래로 떨어뜨려 그물망에 걸리게 했다. 을밀대 지붕 위에서 농성을 벌인지 9시간여 만이었다.

평양 경찰서 유치장에 갇힌 강주룡은 물 한 모금도 밥 한술도 입에 대지 않았다. 단식 72시간 째, 경찰이 밥상을 유치장 안에 들여놓고 냄새를 풍겼다. 강주룡은 밥상을 등지고 꿈쩍도 하지 않았다. 강주룡의 의식은 간도로 달리고 있었다. 남편 죽인 년! 남편 잡아먹은 년! 시집 식구들의 악다구니가 머릿속에서 쟁쟁거렸다. 음침한 중국 경찰서가 보였다. 살인죄를 뒤집어쓰고 갇혀 있는 자신이 보였다. 억울하고 분해서 부들부들 떨다가 죽은 남편 생각에 자지러지는 모습도 보였다. 그때 강주룡은 오기와 절망으로 꼬박 일주일을 굶었다.

'이까짓 3일쯤이야.'

강주룡의 감긴 눈에 힘이 들어갔다.

이번에는 고무 공장이 보였다. 무쇠같이 들지 않는 가위로 쇠채같이 뻣뻣한 고무 쪽을 베고 나면 한두 켤레만 베어도 두 팔이 떨어지는 것 같고 손마디가 무르는 것 같았다. 가슴과 허리가 아프고 팔뚝과 손마디가 쑤셔서 견딜 수가 없었다. 잔병치레 없이 30년을 살아온 삼월이는 고무 공장에 들어온 후로 열흘이 멀다하고 일어나지 못했다. 갓난아기를 데리고 온 옥순이는 고무 찌는 냄새와 더운 김이 훅훅 끼치는 공장 안에서 아기에게 젖을 물리며 쇠로 만든 롤러를 가지고 일했다.[57]

'이게 어디 사람이 있을 곳인가.'

강주룡의 입에서 신음 소리가 새어 나왔다. 단식 76시간 째 검속 기간이 끝났다. 석방된 강주룡은 동료에게 업혀 선교리 파업단 본부로 돌아갔다. 그곳에서 계속 단식을 하면서 파업을 지휘했다. 드디어 사측이 파업단과 협상을 시작했다. 파업단은 임금 인하 취소와 파업 노동자 전원 복귀를 요구했다. 사측은 임금 인하는 철회하되 파업 노동자와 새로 모집한 노동자를 비례 채용하겠다고 했다. 파업단은 거부했다. 협상이 결렬되자 경찰은 파업단이 공장과 새 직공을 습격할 것이라며 지도자 강주룡과 최용덕을 체포했다. 얼마 후 평양 경찰서 고등계에서 강주룡과 함께 정달헌과 적색 노동조합 이야기가 흘러나왔다. 정달헌은 파업 여공이 아니었다. 연희전문학교 재학 중 6·10 만세 사건과 관련되어 러시아로 망명한 후 모스크바의 공산대학을 졸업한 남성이었다. 그때부터 상황이 이상하게 돌아가기 시작했다.

'다시는 멸시 받지 않겠다. 소설을 써야겠다.'

장연에 돌아온 강경애는 어머니와 함께 살며 다시 글을 쓰기 시작했다. 마침 강경애가 사는 집에 장연 군청 고원으로 온 장하일이 세를 들었다. 황해도 황주 사람 장하일과 강경애는 말과 뜻이 통했다. 자연스럽게 연애를 하다가 조촐하게 결혼식을 올렸다.

결혼식을 치른 후 느닷없이 한 여자가 들이닥쳤다. 비록 떨어져 살았지만 조강지처였던 장하일이 조혼했던 아내였다. 속사정이야 어떻든 두 사람은 말도 많고 탈도 많은 장연에서 더 이상 살 수 없어 인천으로 갔다. 인천은 개항 이후 국내 최대의 무역항이 되어 한창 공업 지대로 발전하고 있었다.

소설을 써야겠다는 결심은 무색해졌다. 장연에서 또 다시 멸시를 받는 일에 휩쓸렸고, 도망쳐 온 낯선 항구 도시에서 소설 대신 품팔이를 하며 지냈다.

얼마 후 두 사람은 간도 용정으로 이주했다. 장하일은 동흥중학교 교사가 되었고, 강경애는 소설과 시와 수필을 썼다. 국내 신문과 잡지에 발표한 글들은 대중적인 인기를 누리진 못했지만 강경애는 비로소 자신의 문학 세계를 하나씩 구축하고 있었다. 가부장제의 여성 억압 문제, 간도 조선인의 참혹한 삶과 일본군의 잔혹한 토벌에 관한 이야기를 사회주의 리얼리즘으로 경작하였다. 가난은 여전히 운명처럼 따라다녔지만 더 이상 멸시 받는 삶은 아니었다.

1934년, 드디어 강경애에게 기회가 왔다. 그해 8월 1일부터 《동아일보》에 연재하게 된 장편소설의 제목은 「인간문제」였다. 강경애는 소설의 밑그림을 그리기 시작했다. 주요 등장인물의 이름은 선비, 간난이와 첫째. 모두 황해도 용연 마을에서 빈농의 자식으로 나고 자란 또래들이다. 소설의 배경은 전반부가 농촌 용연이고 후반부는 항구 도시 인천이다. 용연은 고향 장연을 모델로 했는데, 지주이자 면장인 정덕호의 착취에 신음하는 빈농들의 비참한 삶을 사실적으로 그렸다. 간난이는 정덕호에게 첩으로 들어갔다가 쫓겨난 후 경성으로 간다. 선비는 부모를 여읜 후 정덕호의 집에 얹혀살다가 정덕호에게 성폭행을 당하고 도망쳐 간난이를 찾아간다. 청년인 첫째는 정덕호에게 반항하다 땅을 떼이고 용연을 떠나 도시로 향한다.

세 사람이 각자 용연을 떠나 다시 만난 곳은 인천이다. 간난이와 선비는 인천에 있던 공장의 여공이 되고, 첫째는 부두 노동자가 된다. 이때 세 사람과 얽히는 인물이 경성제국대학교 학생 신철이다. 신철은 은근히 속물근성인 아버지와 갈등을 겪다가 집을 나온다. 그 후 자신의 소시민성을 떨쳐내기 위하여 인천에서 위장 취업을 하고 노동 운동에 가담한다. 첫째는 신철을 만나면서 의식화된 노동자가 되어 인천 부두 노동자 파업에 주도적으로 뛰어든다. 선비는 이미 노동 운동 지하 조직원이었던 간난이의 지도로 공장의 조직 활동에 참여한다. 여기까지 이야기의 얼개는 대략 짜여졌다. 강경애는 후반부 이야기를 전개할 장소를 생각해 보았다. 폐쇄적인 농촌에서 순응적인 삶을 살던 선비와 간난이가 주체적인 노동자로 다시 태어나는 곳, 항구도시 인천의 대동방적공장을 어떻게 묘사할 것인가.

강경애는 평소 글이 막히면 하던 버릇대로 궁색한 방에 포개 놓은 이불 위에 비스듬히 누워 천장을 쳐다보았다. 멀뚱멀뚱 쳐다보고 또 쳐다보다가 간도로 오기 전에 도피 생활을 했던 인천을 생각했다. 바닷가의 하역 노동자들, 시커먼 연기를 콸콸 토해내던 시멘트 굴뚝, 그리고 수백 명의 어린 여공들의 행렬이 떠올랐다. 그 여공들이 일했던 곳은 일본 대자본이 인천에 세운 동양방적공장이었다.

'옳거니! 동양방적으로 하자. 소설에 나오는 대동방적의 모델은 동양방적이다.'

강경애는 손뼉을 치며 벌떡 일어났다.

1920년대 공업화 초기에 신문과 잡지는 공장을 대단한 별천지로 묘사했다. 으리으리한 설비를 갖춘 훌륭한 건물, 꽃 같은 젊은 처녀들이 수백 수천 명씩 어울려 일하는 모습, 대량생산되는 신기한 공산품들… 한 편의 광고 같은 이미지는 공장을 현대 문명의 자랑으로 재현했다. 여공의 생활도 과거 여성에 비해 말할 수 없이 자유롭고 비할 수 없이 행복한, 그야말로 찬미 받는 생활로 소개했다.[58]

그런 이미지는 3·1 운동 이후 실력 양성으로 조선의 근대화를 꿈꾸던 지식인의 기대가 투영된 탓도 있었다. 이미지에 딱 맞는 모델은 대규모 공업화를 이룬 방직 공업이었다. 그중에서도 누에고치에서 실을 뽑아내는 제사 공장이었다. 그동안 가내 수공업만 봐온 조선인에게 일본 대자본이 건설한 제사 공장은 낯선 만큼 굉장했다. 공장만 해도 익숙한 재료인 나무, 짚, 흙이 아니라 시멘트, 콘크리트, 유리 등 생소한 재료로 만들었다. 건물은 높고 형태는 반듯하고 묵직한 것이 비바람에도 끄떡없을 것 같았다.

제사 공장은 공장만 하나 달랑 짓는 문제가 아니었다. 교통, 물류, 전기, 원료 생산지, 인력 공급 등 다양한 입지 조건이 있었다. 철도가 깔리고 신작로가 뚫려야 공장으로 들고나는 물건을 대량으로 운반할 수 있었다. 전등은 공장의 밤을 밝히고, 전기는 하루 종일 기계를 돌렸다. 원료 생산지가 공장 가까이에 있고, 인근에서 노동력도 쉽게 얻을 수 있어야 했다.

그런 공장에서 여공은 어떤 찬미 받는 생활을 했을까. 10대와 20대 위주의 제사 공장 여공은 대부분 기숙사 생활을 했다. 여러 명이 함께 지내는 침실, 식당, 세탁소, 목욕탕, 강당과 도서실 등 각종 편의 시설과 여가 시설이 있었다. 아침에는 옥상에서 1,000명이 넘는 직공이 라디오에 맞춰 체조를 하고, 퇴근 후에는 두 시간씩 보통학교 과정을 배웠다. 목욕은 여름에는 날마다, 다른 때에는 하루 걸러서 했다. 목욕물은 전기로 몇 분만에 데울 수 있었다. 정기적으로 영화를 상영하고 단체 소풍도 갔다. 이런 식으로 신문과 잡지는 선전하였다.[59]

딸을 집 밖에 내보내면 세상 무너지는 줄 알았던 부모들은 안심했다. 공부도 공짜로 시켜준다니 이렇게 고마울 데가 있나 싶었다. 전기로 물을 데우는 것도 신기했고, 일 년에 몇 번 못하는 목욕을 하루걸러 한다는 것은 아예 믿기지 않았다. 무엇보다 여자도 돈을 벌 수 있다는 사실에 천지가 개벽했구나 싶었다.

공장에 막 취직한 여공의 심리적인 변화는 더했다. 첫 휴가를 받고 달려온 고향집부터 달리 보였다. 태어나서 쭉 아무렇지 않게 살아온 고향집이 게딱지만 한 초막으로 보이고, 대체 이게 사람이 살 집인가, 내가 언제 여기에서 살았던가, 싶었다.[60]

그러나 시간이 흐르면서 공장과 여공의 실상이 드러났다. 공장주 입맛에 맞는 이상적인 공장은 현실에 없었다. 몇몇 신문 기사와 소설도 여공의 삶을 사실적으로 다루기 시작했다. 제사 공장 여공은 새벽 5시 반에 일어나 식당에서 조잡한 밥한 그릇을 먹고 작업장으로 갔다. 수백 명의 여공이 일렬로 늘어앉아 하루 종일 실을 켰다. 번갯불 치듯 전기 자새는 돌아가는데 끓는 물에서 고치를 건져 내어 실 끝을 찾는 일은 여간 힘든 것이 아니었다. 두 손은 벌겋게 익고 눈은 아물아물했으며 귀에서는 전봇대 우는 소리가 났다. 하루 종일 꼬부리고 앉아 일하니 등허리는 부러지는 것 같고 손발은 장작같이 뻣뻣해졌다. 손등은 마른 논 터지듯 터졌다.[61]

감독관은 조금이라도 잘못하면 구타하고, 불량품이 나오면 임금을 깎았다. 그 임금도 다 주지 않고 1할씩 떼어 회사에 강제로 저금을 시켰다. 저금한 돈은 만 3년이 되어야 돌려받을 수 있어서 마음대로 공장을 그만둘 수도 없었다. 퇴근 후에는 기운이 하나도 없어 공부는커녕 밥도 목구멍으로 넘어가지 않았다. 보통 하루에 열한 시간, 야근을 하면 열다섯 시간씩 숨통이 터질 듯한 공기 속에서 정신이 아찔할 정도의 기계 소리를 들으며 일했다. 여공의 외출은 금지되었고 문간에 수위가 교대로 번을 섰다. 망루를 설치해 감시하는 곳도 있었고, 도망간 여공은 순사가 잡아오기도 했다. 공장은 그야말로 감옥이었다.

강경애는 여성 노동자의 실상을 쓰고 싶었다. 그 속에서 인간문제를 끄집어내어 장편소설을 쓰고 싶었다. 시골에서 지주에게 꼼짝 못하고 살았던 선비와 간난이, 그리고 첫째가 처음 인천에 왔을 때 무엇을 느꼈을까. 강경애는 남편과 함께 고향을 떠나 인천에 갔을 때를 돌이켜 보았다. 출신에 묶여 고인물 같았던 고향을 허우적거리며 떠나온 인천은 뜨내기 인생들이 흘러들어온 항구 도시였다. 익명의 자유로움도 있었지만 낯설음에 대한 두려움도 컸다. 그곳에서 한 발짝 더 뛰어올라 간도에 온 지금 강경애는 과거에 치를 떨며 다졌던 각오를 다시 마주보았다.

'다시는 멸시 받지 않겠다. 소설을 써야겠다.'

강경애는 「인간문제」 원고지를 내려다보았다. 절망의 고비 속에서도 조금씩 전진해온 삶을 발견했다. 인천에서 품팔이를 하며 경험했던 것들을 이제 자신이 만들어낸 인물에게 쏟아부을 차례였다. 그들이라면 새로운 환경에서 이런 각오를 했을 것 같았다.

'다시는 멸시 받지 않겠다. 사람답게 살겠다.'

용연을 떠나 선비, 간난이, 첫째가 각성한 노동자로 다시 태어난 현장인 대동방적공장은 어떤 모습이고 어떤 의미와 영향을 미쳤을까. 강경애는 대동방적공장의 공간마다 등장인물을 배치하며 후반부를 구성하였다.

공장하면 바로 떠오르는 것이 굴뚝이었다. 메이지 유신 직후 이토 히로부미가 영국 글래스고 공장 지대를 시찰한 적이 있다. 그때 이토 일행은 굴뚝마다 피어오르는 검은 연기를 보고 산업혁명의 눈부신 성취라며 아름답다고 했다. 그 눈부신 성취에서 소외된 일본 노동자는 파업을 했고 노동 운동가 다나베 기요시는 굴뚝을 최후의 농성 장소로 삼았다. 식민지 청년 첫째는 가진 것이라곤 몸뚱이 달랑 하나로 밥벌이를 위해 굴뚝을 올라가야 했다.

첫째가 인천에 와서 품팔이를 한 곳은 대동방적공장 공사장이었다. 공장이 준공될 때까지 거의 매일 인부로 일했다. 공사장에서 웬만한 일은 다 해도 굴뚝 공사만은 죽도록 하기 싫었다. 다 찌그러져가는 초가집만 눈에 익은 첫째는 하늘을 찌를 듯 솟은 굴뚝을 바라보기만 해도 아득했다. 벽돌을 30장씩 등에 진 채 금방이라도 부서질 것 같은 나무판자를 밟고 올라가다 보면 다리에 힘이 쭉 풀리고 머리털은 쭈뼛쭈뼛 곤두섰다. 눈앞이 캄캄해져 정신을 가다듬고 다시 올라가면 굴뚝이 움실움실 움직이기 시작했다. 높이 올라갈수록 굴뚝은 더 심하게 움직이는 것 같았다. 이러다 굴뚝이 무너지면 어쩌나, 굴뚝과 함께 나도 저 아래 바닥으로 떨어지는 것은 아닐까. 한순간의 공포는 짧지만 너무나 강렬해 영영 못 잊을 것 같았다. 굴뚝 공사를 하다가 떨어져 죽은 사람은 또 얼마나 많은가. 하루에 몇 푼 안 되는 돈을 벌기 위해 목숨까지 굴뚝에 맡겨놓는 신세에 첫째는 울울해졌다.[62]

간난이는 대동방적공장에 들어온 날 남몰래 공장의 담벼락으로 갔다. 콘크리트와 벽돌로 만든 담장은 외부 세계와 내부 세계를 철저히 차단하려는 듯 높고 단단했다. 날아가는 새도 출입을 못할 만큼 둘러쳐져 있었다. 벽돌로 까맣게 올려 쌓고 그 아래로 몇 길이나 시멘트 콘크리트를 한 철벽을 꼼꼼하게 살펴보았다. 아무리 둘러봐도 바늘구멍만한 틈도 찾을 수 없었다. 간난이는 난처했다. 간난이가 대동방적에 취직한 이유는 비밀 노조 활동을 위해서였다. 어떻게든 외부와 연락할 통로를 찾아내야만 했다. 결국 공장 뒷담 밑에 뚫린 수챗구멍을 연락 통로로 사용하기로 했다.[63]

대동방적공장의 작업장은 남쪽 벽면과 천장에 모두 유리를 달았다. 대형 기계가 들어가는 작업장은 중앙에 기둥을 세우지 않도록 트러스 구조로 지었다. 지붕은 환기와 채광에 유리한 톱날 모양이었다. 제사 기계를 두 줄로 마주 놓고 가운데에 통로를 내어 감독들이 왔다 갔다 하며 양쪽의 여공을 감시했다. 노동자의 동선을 최대한 짧게 하여 노동 강도를 극대화하고, 감독관의 감시는 최대한 용이하게 하는 배치였다.

여공은 펄펄 끓는 물에서 고치를 건져내어 실을 켰다. 선비의 손등은 빨갛게 익었다. 손가락은 허옇게 퉁퉁 불어 있고 항상 짓물러 있었다. 산 손등에 죽은 손가락이 달린 것 같았다. 이 공장 안에 죽은 손가락이 얼마나 많이 있을까. 선비는 전신에 소름이 오싹 끼쳤다. 지난봄에는 여공 하나가 머리카락이 얼레에 끼는 바람에 기계에 말려들어가 죽었다. 기계에 손이 끼여 잘리는 일도 있었다. 공장에서는 극비밀에 부치고 이야기도 못 꺼내게 했다. 그 참상을 본 여공이 있는데 비밀로 묻힐 수는 없었다. 사실은 알게 모르게 공장 안에 쫙 퍼졌다. 선비는 이마의 땀을 씻으며 정신을 바짝 차리려고 기를 썼다.[64]

실내 온도는 겨울 새벽에도 60도까지 올라갔다. 온도가 워낙 높아 지붕에 환기창이 있어도 효과가 없었다. 전등불은 대낮같이 밝았고 유리 창문과 천정에 반사되어 눈이 아프도록 부셨다. 발전소 소음과 얼레 돌아가는 소음이 합쳐져 귀가 먹을 지경이었다. 작업 시간은 12시간 2교대제였다. 휴식시간은 하루 60분, 공휴일은 한 달에 이틀뿐이었다. 일을 죽도록 하고도 손에 쥐는 돈은 적었다. 여공들의 한숨과 분노도 짙어 갔다.

사이렌 소리가 회오리바람같이 일어났다. 야근할 여공들이 작업장 안으로 우르르 밀려 들어왔다. 선비와 간난이는 얼른 기계를 정지시킨 후 실 감긴 틀을 뽑아 들고 작업장 밖 감정실로 갔다. 식당에서 종소리가 울려나왔다. 밥을 먹으라는 소리였다. 식당은 기숙사의 맨 아래층 지하실에 있었다. 선비와 간난이가 식당에 도착했을 때는 벌써 몇 백 명의 여공들이 앉아 있었다. 장방형으로 된 방 안은 밥 김이 어려 있었다. 이쪽에서 저쪽 끝까지 네 줄로 이어 놓은 길다란 나무 판자 위에 밥통과 밥공기가 놓여 있었다.

안남미로 지은 밥은 식은 밥을 쪄 놓은 것 같이 풀기가 없고 석유 냄새가 후끈후끈 끼쳤다. 반찬은 소금 덩이가 와그르르한 새우젓인데 비린내가 나서 먹을 수가 없었다. 이게 무슨 밥일까? 새로 온 여공들이 수군거렸다. 배에서는 꼬르륵 소리가 요란한데 입은 도무지 당기지 않았다. 겨우 몇 술 떠 보더니 눈물이 글썽글썽하여 숟가락을 놓고 식당을 나갔다.[65]

선비도 처음에는 그랬다. 도대체 이걸 먹으라고 주는 걸까 싶었지만 배고픈 것처럼 무서운 것은 없었다. 배가 너무 고프면 배탈이 나고 설사를 하면서도 먹었다. 그러다 적응이 되면

배앓이도 없고 석유 냄새도 견딜 만했다.

식당에서 기숙사로 돌아와 잠시 숨을 돌리려고 하면 기숙사 종이 뎅그렁뎅그렁 울렸다. 야학 종소리였다. 선비는 강당으로 들어가 앉았다. 원래대로라면 저녁 식사 후에 두 시간 정도 보통학교 과정을 가르쳐야 했다. 그러나 여공들이 강당에 다 모이면 감독은 공장의 온갖 규칙과 규율을 세뇌시키기에 바빴다. 여공들의 저금통장은 나중에 결혼 비용으로 쓸 수 있도록 회사가 안전하게 맡아두는 것이라는 둥, 공장에서 파는 일용품들은 원가로 배급하는 것이라는 둥, 외출을 금지하는 것은 밖에서 나쁜 길로 빠져 장래를 그르칠까봐라는 둥, 원유회에 갈 때 신을 구두는 회사가 원가로 배급하는 것이라는 둥, 휴일에 운동회를 여는 것은 여러분의 건강을 위하여 공장이 특전을 베푸는 것이라는 둥. 그리하여 결론은 이렇게 좋은 공장에 다니는 것을 행복한 줄 알아라, 밖에는 일할 데가 없어서 돌아다니는 사람이 얼마나 많은지 아느냐.

그럴 때마다 간난이는 자리에서 벌떡 일어나 조목조목 따지고 싶었다. 우리를 위한다면서 야근까지 시키며 안남미 밥만 먹이느냐. 저금은 물론, 외출을 금지하고 공장에서 원가로 물건을 파는 것도 모두 회사의 이익을 위해서가 아닌가. 구두를 신기고 원유회를 간다느니, 야학을 한다느니, 건강을 위해 운동을 시킨다느니. 모두 그 이상 무엇을 더 빼앗기 위해 눈 가리

고 아옹 하는 수작이 아닌가. 그러나 간난이는 발설하지 않았다. 진실을 밝힐 기회는 따로 있었다.[66]

감독의 말이 끝나자 여공들은 일시에 일어나 경례를 하고 기숙사로 돌아갔다. 또다시 종이 울렸다. 잠을 자라는 종소리였다. 여공들은 화장실을 다녀오고 방 안의 전깃불을 껐다. 하루 종일 시계 바늘과 사이렌 소리와 종소리에 맞춰 정해진 시간에 정해진 공간에서 정해진 행동을 했다. 규칙을 어기면 벌금이 부과되고 체벌이 뒤따랐다.

그래도 규칙을 어기는 여공은 있었다. 백여 칸이 넘는 회벽 기숙사가 어둠 속에 잠기면 남몰래 방을 빠져나오는 여공은 두 부류였다. 감독관의 숙직실로 파고드는 여공과 공장 담벼락으로 향하는 여공. 간난이는 후자였다. 간난이는 긴 나무쪽 끝에 새끼를 매어 담 밑 수챗구멍 밖으로 밀어 내놓았다.

제사 공장 기숙사는 보통 수용인원이 1,000여 명이었다. 방 크기는 4평 미만이고 10여 명씩 한 방을 사용했다. 식당 밥은 공짜가 아니라 여공이 식비를 내는데도 형편없었다. 한창 성장기에 있는 어린 여공들은 영양실조에 걸려 픽픽 쓰러졌다. 식사 문제는 파업의 원인이 될 정도로 심각했다. 기숙사는 24시간 감시를 받았다. 규율과 통제라는 점에서 기숙사는 감옥과 다르지 않았다. 그러나 기숙사의 비좁은 방은 속닥속닥 정보를 교환하고 의식화되는 공간이기도 했다.

여공들은 아침에 일어날 때마다 이불 밑이나 방안 구석에서 이상한 종잇조각을 발견했다. 그 종이에는 전날 밤 야학에서 감독이 말한 것을 한 대목씩 쓰고 그에 대한 해설도 알기 쉽게 써져 있었다. 그들은 모여 앉아 머리를 맞대고 재미나게 읽어 보았다.[67] 종잇조각을 읽는 횟수가 늘어날수록 그것을 돌리는 사람을 만나보고 싶었다. 누군가는 어디선가 얻어들은 동맹 파업 이야기를 슬쩍 꺼내었다. 그리고 어느 깊은 밤, 간난이는 담을 훌쩍 넘고 공장을 빠져 나갔다. 그동안 간난이가 해오던 일은 선비가 맡기로 했다.

제사 공장에는 누에고치 창고, 대량의 물을 저장할 수 있는 거대한 수조, 벽돌을 쌓아 만든 지하 배수구, 증기 엔진과 보일러가 있는 증기 가마실 등도 있었다. 공장 관리를 위한 수위실과 사무동도 있었다. 밖에서 보기엔 근대적인 기계 설비 건축으로 현대 문명의 자랑으로 여겼지만, 그 안에서 노동하는 여공의 삶은 결코 찬미 받는 생활이 아니었다. 여공은 작업장, 기숙사, 식당, 강당 등 한정된 공간에서 갇힌 생활을 했다. 열악한 노동 환경, 남성 감독의 폭력과 성희롱, 벌금제와 강제저축에 시달리며 감옥 아닌 감옥 생활이었다. 인권과 노동권을 존중받지 못했고 근대적인 시간과 공간은 여공을 통제하는 역할을 하였다.

그러나 어두운 면이 있으면 밝은 면도 있기 마련. 농촌을 떠나 도시를 경험했고 작업장에서 남공을 만나 연애도 했다. 임금은 적었지만 직접 돈을 번다는 자부심도 생겼다. 공장 동료와 연대를 하고 노동 쟁의도 했다. 실패도 하고 좌절도 했지만 공장은 많이 배우지 못한 비주류 여성이 노동을 통해 자아를 발견하고 주체성을 고취하는 장소였다.

선비와 간난이에게도 공장은 그런 의미였다. 첫째에게는 인천 부두와 공사장이 그런 장소였다. 그러나 경성제국대학 출신의 신철은 달랐다. 노동 활동가가 되기를 원했지만 노동 현장은 신철의 본성에 어울리는 장소가 아니었다. 신철은 간난이에게 노동 운동을 지도하고 첫째를 의식화시켰지만, 정작 자신은 현실의 위협 앞에서 가장 빨리 허물어진 유약한 지식인이었다. 부두 노동자와 파업 투쟁을 벌이다 검거된 신철은 얼마 못가 사상 전향으로 풀려난 후 만주국에 취직하고 부유한 여자와 결혼했다.

강경애는 신철을 전향자로 그렸다. 무산 계급과 노동 운동을 다룬 다른 작가들은 그렇지 않았다. 그들의 소설에서 지식인은 처음부터 끝까지 지도자와 선구자의 이미지였다. 그러나 강경애는 지식인을 결정적인 순간에 돌아서는 기회주의자로 보았다. 그 이유를 첫째의 입을 빌어 말했다. 자신이 멘토로 따랐던 신철의 전향 소식에 절망한 첫째는 폐병으로 죽은 선비의 시체 앞에서 깨달았다. 신철에게는 세상과 타협할 조건도 선택할 길도 많지만 자신은 그렇지 않다는 것. 그럼 이제 인간이 그 긴 세월동안 싸워온 '인간문제'를 어떻게 할 것인가? 강경애는 선비와 간난이와 첫째의 삶을 떠올렸다. 그들처럼 험한 길을 걸어왔고 또 걷고 있는 수많은 사람이 굳게 뭉치는 모습을 그려 보았다.

다 썼다. 강경애는 마지막 회 분량을 다 쓰고는 펜을 내려놓으며 깊은 한숨을 쉬었다. 버릇대로 한쪽 벽에 쌓아놓은 이부자리로 가서 비스듬히 누워 천장을 올려다보았다. 스르륵 눈이 감겼다. 비몽사몽간에 한 여자가 어른거렸다.

"유달리 안광을 발하는 눈, 매섭게 생긴 코, 그리고 상상 이상의 달변…"[68]

어디선가 읽은 적이 있는 글귀가 머릿속을 스쳐갔다. 누구지? 누가 썼더라? 강경애는 엉거주춤 일어났다.

방안에 널린 오래된 신문과 잡지, 원고지가 눈에 들어왔다. 좁은 방이 더 좁아 보여 답답해졌다. 방문을 여니 해가 뉘엿뉘엿 저물기 시작했다. 강경애는 동흥중학교 사택 바로 뒤로 흐르는 해란강으로 갔다. 해란강 물결 위로 여자의 얼굴이 떠올랐다.

기억이 났다. 《동아일보》 사회부 기자로 필명을 날렸던 오
기영이 쓴 기사였다. '무호정인'이라는 가명으로 《동광》에 실
은 기사 제목은 「을밀대上의 체공녀 여류투사 강주룡 회견기」
였다. 어느 신문에서도 볼 수 없었던, 강주룡의 목소리를 생생
하게 담은 글이었다. 무호정인은 강주룡의 인상을 "유달리 안
광을 발하는 눈, 매섭게 생긴 코, 그리고 상상 이상의 달변 등
수월치 않은 여자, 한 명의 노동자가 아니라 49명의 노동자를
거느리고 투쟁의 선두에 나선 리더"라고 썼다.

강경애는 을밀대 지붕 위에 앉아 정면을 응시하던 강주룡의
사진을 생각했다. 그동안 숱한 파업이 있었지만 여성 노동자
가 그렇게 두드러진 적이 있었던가. 무엇보다 강주룡의 당당
함이란! 그래서 관심이 있었고, 기억에 남아 있었던 모양이다.
몇 년 전 인천에서 간도로 떠날 무렵 강경애는 신문에서 강주
룡과 정달헌이 함께 거론되는 것을 본 적이 있다. 그때 이유도
근거도 없이 벼락같은 예감이 들었다.

'아, 강주룡은 죽고 정달헌은 살겠구나.'

어느새 하늘은 온통 노을로 물들었다. 강경애는 먼 하늘을
보며 가만히 속삭였다.

"강주룡, 당신이 「인간문제」의 진짜 주인공이요."

낮게 잠긴 목소리에 물기가 묻어 나왔다. 간도의 처연한 풍
경이 등 뒤로 흘러갔다.

그 후, 그 장소, 그 사람

1897년 정동 언덕에서 전망 좋기로 유명한 이화학당 한옥
교사가 헐렸다. 지어진 지 11년 만이었다. 그 자리에 2층짜리
붉은 벽돌 메인홀이 세워졌다. 1915년에는 심슨홀, 1921년에
는 후퍼기념관, 1923년에는 프라이홀 등 이화학당 건물은 꾸
준히 늘어났다. 그동안 보통과, 고등과, 중학과, 대학과가 설치
되어 이화여자고등보통학교와 이화여자전문학교로 개편되었
다. 계속 증가하는 학생을 더 이상 감당할 수 없자 신촌에 새
캠퍼스를 마련했다. 정동에는 이화여자고등보통학교가 남고,
이화여자전문학교는 1935년 신촌 캠퍼스로 이전했다. 그해
5만 5천 평의 신촌 캠퍼스에 본관, 음악관, 중강당, 체육관을
준공했다. 1936년에는 대학원 별관, 가사 실습소, 진선미관,
영학관 등을 완공했다.

정동의 옛 건물은 세월 따라 하나둘씩 사라져갔다. 메인홀
은 한국 전쟁 때 파괴되었고, 프라이홀은 1975년 화재로 소실
되었다. 2000년대가 되자 사라졌던 건물들이 기억을 소환하

듯 돌아왔다. 근대 건축물 등록 문화재 제3호로 지정된 심슨 홀은 2011년에 복원된 후 이화박물관이 되었다. 프라이홀 자리에는 2004년 이화백주년기념관을 준공하였다. 한옥교사는 2006년에 이화여자대학교 캠퍼스에 복원되어 이화역사관이 되었다.

메리 스크랜턴은 조선에서 24년 동안 여성 선교사의 소명을 다한 후 77세에 소천하였다. 1909년 상동교회에서 장례식을 마치고 양화진 외국인 묘지로 향하는 운구 행렬에 신분을 초월한 남녀노소 수천 명이 함께했다. 윌리엄 스크랜턴은 1907년에 선교사직을 사임하고 감리교단을 떠났다. 그 무렵 새로 선출된 선교 감독과 갈등과 불화가 컸다. 선교감독은 일본의 식민 통치를 지지하고 협력하는 친일파였다. 감리교단을 떠난 후 윌리엄 스크랜턴은 대한제국이 설립한 대한의원에서 환자를 진료하고 의학 교육을 했다. 그러나 1910년 강제합병으로 대한의원이 총독부 의원으로 바뀌자 그만두었다. 이후에는 선교사를 위한 요양원을 설립하고 미국인 금광 회사의 부속병원에서 일했다. 1916년 윌리엄은 60세의 나이에 30여 년의 조선 생활을 청산하고 중국으로 갔다. 중국 대련 외국인 전용병원에서 1년 정도 일한 후 일본 고베로 옮겨 국제 병원과 영사관에서 자문 의사로 일했다. 1921년 교통사고를 당해 힘들게 투병 생활을 하다가 1922년 고베 자택에서 66세로 세상을 떠났다. 장례식은 성공회 교회에서 치러졌고, 유해는 고베 외국인 묘지에 안장되었다. 윌리엄 스크랜턴은 오랫동안 한국 교회에서 잊혔다가 2000년대에 들어 재조명되기 시작하였다.

김란사는 1906년 미국에서 한국 여성 최초로 학사학위를 받았다. 귀국 후 이화학당 총교사 겸 기숙사 사감으로 부임했다. 1910년 이화학당에 대학과가 개설되면서 대학과 교수가 되었다. 이화학당 학생 자치 단체인 이문회에서 독립 정신을 고취하고 국제 정세를 가르쳤는데, 지도 학생 중 한 명이 유관순이었다. 김란사는 메리 스크랜턴을 도와 기독교 선교 사업과 부인 교육도 하였다. 미국에서 친분을 쌓은 안창호와 의친왕, 교회 사업을 하면서 만난 상동교회의 전덕기, 정동교회의 손정도 등과 교류하며 독립 운동을 하였다. 김란사는 1919년 1월 중국 베이징에서 객사했다. 그가 몰래 베이징에 간 이유와 의문의 죽음 뒤에는 여러 설이 있다. 가장 널리 알려진 이야기는 고종의 밀지로 조선 대표(의친왕 혹은 김란사 자신)를 파리 강화 회의에 파견하기 위해 베이징에 갔다가 일제 밀정에게 독살되었다는 것이다. 당시 파리 강화 회의에 가려던 독립 운동가들은 많았지만, 성공적으로 도착한 사람은 김규식뿐이었다.

1887년에 설립된 보구여관은 1900년대 초까지 운영되다가 1912년 동대문 릴리안 해리스 기념병원에 통합되었다. 정동의 보구여관 건물은 이화학당 교실과 기숙사로 사용되다가 1921년에 헐렸다. 그 자리에는 고딕풍의 140평짜리 2층 벽돌 건물 후퍼기념관이 세워졌다. 후퍼기념관은 이화유치원과 이화보육학원이 사용했는데, 1960년대에 헐리고 젠센기념관이 들어섰다. 젠센기념관은 1979년 정동제일교회 100주년 기념 예배당을 지으면서 철거되었다. 보구여관은 2019년에 132년 전의 모습으로 이대서울병원과 의과대학 사이에 복원되었다.

박에스더는 1903년에 보구여관 근무를 마치고 평양 광혜여원으로 복귀하였다. 평양에서 로제타와 함께 의료와 선교 활동에 헌신을 다하다 1910년에 세상을 떠났다. 미국에서 여의사가 되어 귀국한 지 10년째 되던 해였다. 나이는 34세, 병명은 남편과 같은 폐결핵이었다.

로제타는 조선에서 1933년까지 43년 동안 의료 선교사로 활동하였다. 그가 마지막으로 심혈을 기울였던 일은 한국 최초의 여의사 양성 교육 기관인 경성여자의학강습소 설립이었다. 그 후로 조선 여성은 외국에 나가지 않고도 국내에서 의학 교육을 받을 수 있었다.

조선에서 태어난 로제타의 아들 셔우드 홀은 결핵 전문 의사가 되었다. 한국 최초의 결핵 요양원인 해주 구세병원을 건립하였고, 한국 최초로 크리스마스 실을 발행하여 결핵 퇴치 기금을 조성하였다. 셔우드 홀은 1940년 일제가 추방하기까지 대를 이어 조선에서 의료 선교사로 일했다. 윌리엄 홀과 로제타 홀, 아들 셔우드와 딸 이디스 모두 양화진 외국인 묘지에 묻혔다.

김마르타는 보구여관 간호원 양성소를 졸업하고 보구여관의 수간호사가 되었다. 나중에는 후배들의 간호 교육도 맡았다. 이그레이스는 간호원 양성소를 졸업한 후 평양 광혜여원에서 수간호사로 일했다. 수간호사 일을 하면서 산과를 공부해 총독부 의생 면허를 받았다. 그 후 목사 남편이 목회 활동을 하는 지역에서 여성과 어린이를 치료하고 산파소도 운영했다.

상동교회는 독립 운동가를 많이 배출한 이유로 일제 말 혹독한 탄압을 받아 폐쇄되었다. 해방 후 재건되었지만 한국 전쟁으로 교회 건물이 파괴되었다. 1974년에 예배당을 헐고 새로 짓기 시작해 1976년 현재의 상동교회 건물을 준공하였다.

차미리사도 일제의 억압으로 힘든 시기를 보냈다. 근화가 무궁화를 상징한다며 압박하자 여학교 이름을 근화에서 덕성으로 바꾸었다. 1940년에는 덕성여자실업학교 교장 자리에서 물러나야 했다. 해방 후 1950년 차미리사는 덕성여자초급대학(현재 덕성여대)을 설립하고 1952년에 덕성여대 이사장에 취임하였다. 차미리사가 새 삶을 얻은 곳은 개신교 상동교회였지만, 1955년 76세에 가톨릭으로 개종한 후 선종하였다.

조신성은 대한독립청년단 활동으로 4년간 수감 생활을 했다. 1923년 출옥한 후 교육 운동과 여성 운동에 전념하였다. 해방 후에는 북한의 공산당 정치를 반대하여 월남했다. 서울에서 반탁 운동에 참가하고 대한부인회 부총재로 추대되었다. 한국 전쟁 중인 1953년 부산 신망애 양로원에서 노환으로 80여 생을 마쳤다. 장례식은 사회장으로 치러졌다. 1991년 부산 공동묘지에서 대전국립묘지로 안치되었다.

세브란스병원 간호부 양성소는 태평양 전쟁 즈음 간호 선교사들이 추방되면서 한국인과 일본인만 남았다. 1942년 일제의 강압으로 세브란스병원과 의학교 명칭이 아사히로 바뀌면서 아사히 연합의학전문학교 부속병원 산파 간호부 양성소로 변경되었다. 모든 것이 총독부의 통제 아래 놓였다. 한국 전쟁 중에는 세브란스병원과 의학교 건물이 폭격을 맞아 대부분 파괴되었다. 전쟁이 끝난 후 건물을 복구하는 과정에서 새로운 캠퍼스를 구상하였다. 1957년 세브란스의과대학과 연희대학이 합병하여 연세대학교가 되었다. 간호부 양성소는 4년제 의과대학 간호학과로 승격되었다. 1962년 의과대학 교사,

간호대학 기숙사와 병원 건물이 신촌 캠퍼스로 이전되었다. 1968년에는 의과대학 간호학과가 간호대학으로 다시 승격되었다. 서울역 앞 세브란스병원 건물은 1970년 도로 확장 공사로 철거되었다.

정종명은 1935년 만기 출소한 후 운신의 폭이 좁아질 대로 좁아졌다. 일제에 전향하지도 않고 조선을 떠나지도 않은 채 경성에서 산파 일을 하며 조용히 때를 기다렸다. 해방이 되자 서울에서 결성된 조선부녀총동맹에서 잠시 활동한 후 북한으로 갔다. 1948년 북조선민주여성동맹 간부로 활동했지만, 그 후의 삶은 남북한 어디에서도 알려진 것이 없다.

«조선일보»와 «동아일보»는 1940년 조선 총독부에 의해 강제 폐간되었다. 해방 후 복간되었지만 한국 전쟁으로 발행 중지와 속간을 거듭하였다. «조선일보» 사장 방응모는 한국 전쟁 중에 납북되었다. 1969년 «조선일보»는 태평로 사옥 뒤편에 지하 1층, 지상 6층 사옥을 지어 이사했다. 기존의 태평로 사옥은 서울시 도시 계획에 따라 대지 일부를 도로로 내주고 철거되었다. 도로 때문에 뒤로 약간 물러난 자리에 국내 최초로 철골 구조로 지하 2층, 지상 23층 건물을 지었다. 2년이 걸

려 완공된 고층 건물은 원래 계획과 달리 신사옥이 아니라 외국인용 고급 호텔로 사용되었다. 차관으로 지은 건물이기 때문에 정부가 요구하는 고급 호텔 안을 따를 수밖에 없었다.

《동아일보》는 광화문 사옥을 보존하면서 계속 확장하였다. 1958년 사옥 남측에 스팬(건물의 기둥과 기둥 사이) 2개 규모만큼 증축하였다. 1962년에는 위로 두 개 층을 올려 5층이 되었다. 1963년 《동아방송》이 개국한 후 1968년에 다시 한 개 층을 증축하여 지하 1층, 지상 6층 건물이 되었다.

1992년 충정로 사옥으로 이전하면서 광화문 사옥은 리노베이션을 거쳐 1996년 일민미술관으로 재탄생했다. 2001년에는 과거와 현재가 공존하는 방식으로 다시 탈바꿈 했다. 투명한 유리와 스틸로 만든 아트리움, 노출된 기둥과 불규칙한 천장의 보 등으로 근대 건축의 흔적을 남기면서 현대미술관이라는 새로운 기능을 광화문 풍경과 한데 어우러지게 했다. 일제 강점기 신문사 사옥 중에서 현존하는 것은 《동아일보》 광화문 사옥과 《조선일보》 견지동 사옥 두 곳뿐이다.

최은희는 1920년대를 불꽃처럼 보낸 후 1930년대에 잠적했다. 일제의 침략 전쟁이 노골화되면서 언론은 총독부 기관지나 다름없었고, 수많은 지식인은 궤변과 자기 합리화를 하며 친일의 길을 걸었다. 해방이 될 때까지 최은희는 사회 활동을 접고 결혼했고, 남편이 병사한 후로는 홀로 자녀들을 키우

며 살았다. 다시 사회로 나온 것은 해방이 되면서부터였다. 각
종 사회단체에 참여해 여성 문제를 제기하고 여성의 참여를
이끌어 냈다. 유명 여성 지식인들의 친일 행위를 비판하고, 직
접 목격하고 체험한 여성사를 저술하였다. 여성 신문사의 고
문을 맡으며 언론 활동도 하였다. 1984년 세상을 떠나기 전에
는 재산을 정리하여 조선일보사에 5천만 원을 기탁했다. 조선
일보사는 그 기탁금으로 '최은희 여기자상'을 제정해 매년 뛰
어난 활동을 하는 여기자에게 수여하고 있다.

　허정숙은 1935년 여름에 중국으로 망명하였다. 조선민족혁
명당, 조선청년전위동맹, 조선의용대, 항일군정대학, 팔로군
120사단, 화북조선혁명군정학교 등 좌익 정당 활동과 항일 무
장 투쟁을 벌였다. 해방 후 북한에서 북조선인민위원회 선전
부장과 북한 문화 선전상을 지냈다. 한국 전쟁 후에는 사법상,
최고재판소장, 최고인민회의부의장, 조선민주여성동맹 중앙
위원회 서기장, 조선노동당 중앙위원회 비서 등 요직을 두루
거쳤다. 1991년 89세로 사망하였다.

　남촌에서 최고의 백화점으로 군림했던 미쓰코시는 해방 후
동화백화점으로 이름이 바뀌었다. 한국 전쟁 중에는 미군 PX

로 사용되었는데, 그때 PX 초상화부에서 미군들의 초상화를 그렸던 사람이 화가 박수근이었다. 박완서는 그 시절의 박수근을 떠올리며 소설 『나목』을 썼다. 1958년 동화백화점은 동방생명에게 넘어갔고, 1963년 삼성그룹이 동방생명을 인수하면서 신세계백화점이 되었다. 그해 건물 상부에 한 층을 증축하고 «동양 TV 방송»을 개국하였다. 그 후로도 여러 번 개축, 수리, 증축을 했지만 원형의 분위기는 유지했다.

송계월이 일했던 조지아백화점은 1937년 오늘날 남대문로 롯데영플라자 자리에 지하 1층, 지상 5층의 백화점을 새로 지었다. 건물 형태는 당시 국제적으로 유행하던 서구 모더니즘 건축을 따랐다. 해방 후 조지아백화점은 중앙백화점으로 이름이 바뀌었다. 이후 미군 전용 PX로 사용되다가 한국무역협회에 매각되는 등 한동안 백화점의 기능을 상실하였다. 1954년 미도파백화점으로 개점했고, 1973년 대대적인 보수와 증축 공사를 하면서 원형을 알아볼 수 없게 되었다.

북촌의 화신백화점은 한국 전쟁 중에 폐허가 되었다. 박흥식이 보수해 다시 열었지만 박흥식의 인생처럼 내리막길을 걸었다. 그의 무리한 사업 확장과 경영 악화, 신세계, 롯데, 미도파 등 최신 시설을 갖춘 백화점에 밀려 1987년에 문을 닫았다. 같은 해에 화신백화점 건물도 보존의 논란 끝에 헐렸다. 1999년 그 자리에 종로타워빌딩이 완공되었다.

조지아백화점 데파트 걸에서 《신여성》 기자가 된 송계월은 과거 서대문 형무소에서 얻었던 병이 재발해 잠시 휴직을 했다. 고향에서 요양을 하던 중 경성에서는 송계월이 처녀의 몸으로 아이를 낳았다는 악소문이 퍼졌다. 그가 경성에 복귀한 뒤에도 소문은 계속되었고 나중에는 잡지에 기사로 나왔다. 해당 잡지는 사회주의 계열이었고, 기사를 쓴 사람은 송계월이 회원으로 있었던 카프의 남성 회원이었다. 믿는 도끼에 발등을 찍혀 글로 항변하던 중 병이 깊어져 1933년 23세의 나이로 요절하였다. 송계월의 필명은 송적성(宋赤城), 허정숙의 필명은 스카이(Sky)를 음역한 수가이(秀嘉伊)였다. 붉은 성과 푸른 하늘, 그 색깔과 질감의 차이만큼 두 사람은 사회주의를 지향했지만 성(性)과 소문에 대처하는 방식은 달랐다.

화신백화점 화신 미용부에서 사회생활을 시작한 임형선은 북경에서 경성으로 돌아온 후 다시 엽주미용실에서 일했다. 일류 미용사가 된 임형선은 해방 후 동생과 함께 미용실을 운영하였다. 한국 전쟁 때 피난 갔던 부산에서도 미용실을 열어 많은 인기를 누렸다. 서울에 돌아와서 다시 미용실을 열었다가 1954년 동생에게 미용실을 넘겼다. 임형선이 새로 뛰어든 일은 예림미용기술고등학교 설립이었다. 오래전 자신처럼 가난한 소녀들에게 미용 기술을 가르쳐 경제력을 갖게 하는 것이 목적이었다. 돈 잘 버는 미용사에서 미용 교육자로 변신하게 된 계기는 오엽주의 반면교사 역할 때문이었다. 오엽주는 미용계의 선구자이고 유명 인사였지만 언제나 남의 힘으로 미용실을 차렸고 사치와 낭비가 심했다. 한국 전쟁 후에도 유명 정치인의 후원으로 동화백화점에 미용실을 개업했지만, 임대료도 못 냈고 보증금까지 다 날렸다. 1960년 4·19 혁명이 발발한 뒤 오엽주는 하와이로 이민을 갔다. 임형선은 방송에 출연해 미용 상담을 하고 신문과 잡지를 통해 미용의 대중화에 기여하였다.

1930년대 후반 일제는 본격적으로 병참 기지 정책을 펼쳤다. 군수 산업 중심의 공업 정책을 실시하고 노동 통제 정책을 강화했다. 고무신을 만들던 고무 공장은 타이어를 만들기 시작했다. 강경애의 소설에서 대동방적공장의 모델이 되었던 동양방직공장 같은 대규모 공장은 군수 보급 기지로 활용되었다. 노동자와 노동 단체는 탄압을 받았지만, 남녀 노동자들은 파업 투쟁을 계속 벌였다. 노동자들이 구속되고 징용에 끌려가 조직적인 파업이 어려워지자 태업, 결근, 공사 방해 등으로 군수 산업을 방해하였다.

해방 후 동양방직공장은 미군정청에 귀속되었다. 1955년

이승만 정권의 적산 기업 민영화 방침에 따라 공장장 출신
의 이사장이 회사를 인수하여 동양방직주식회사를 설립하고,
1966년에는 동일방직주식회사로 변경하였다. 방직 회사인 만
큼 노동자의 대부분은 여전히 여성이었다. 1970년대에 동일
방직은 여성 노동 운동의 출발지가 되었다. 우리나라 최초로
노조 여성 지부장이 나왔다. 1978년에는 여성 노동 운동사에
서 상징적인 사건이 된 똥물 투척 사건이 일어난 현장이었다.
국내 섬유 업계가 하향세에 접어들면서 해외로 공장을 이전하
고, 인천 공장은 2017년 말에 가동을 전면 중단하였다.

1931년 평양 평원고무공장 파업을 이끌었던 강주룡은 그해
6월 정달헌이 조직한 평양적색노동조합 사건에 연루되어 평양
지방 법원 예심에 회부되었다. 1년 동안 감옥에서 비타협적인
투쟁을 하다 극심한 신경 쇠약과 소화 불량에 걸렸다. 1932년
6월 7일 병보석으로 풀려났지만, 제대로 치료를 받지 못한 채
8월 13일 평양 서성리 빈민굴에서 31세의 나이로 세상을 떠났
다. 장례식은 이틀 뒤인 8월 15일 100여 명의 노동자들이 애도
하는 가운데 치러진 후 평양 서성대 묘지에 묻혔다.

강경애의 「인간문제」는 1934년 8월부터 12월까지 120회
에 걸쳐 «동아일보»에 연재되었다. 조선의 변방, 문학의 주변
부에서 식민지 하층 여성을 대변하는 작품을 썼다는 점에서
그 시대의 다른 여성 작가와 달랐다. 그래서인지 살아생전 그

다지 주목받지 못했다. 말년에는 병고에 시달리다가 1944년 4월 26일, 38세로 생을 마쳤다. 해방 후 남편 장하일은 북한에서 《로동신문》 부주필이 되었고, 1949년 로동신문사는 「인간문제」를 단행본으로 출간하였다. 1955년 소련에서 러시아어로 번역되었고, 1992년에는 서울에서 단행본으로 출판되었다. 사후 55년이 된 1999년, 중국 땅 조선족 자치주 연변 용정시 비암산 중턱에 강경애 문학비가 세워졌다.

에필로그

이 책은 100여 년 전 전통 사회가 강요했던 삶을 떨치고 일어난 여성들과 그들에게 새 삶을 열어준 장소에 관한 이야기이다. 여기에서 다룬 여학교, 여성 병원, 간호원 양성소, 교회, 신문사, 백화점, 공장 등은 집안에 갇혀 있던 여성을 사회적인 존재로 나아가게 했던 공간이다. 물론 그 안에도 남녀의 위계 질서와 차별이 존재했다.

이제는 남녀 공학이 대부분이며 교회든 어디든 남녀를 구분하는 출입문이나 가림막은 없다. 화초 기자가 아니라 정치부 사회부 여기자도 많고, 남녀의 직업 경계도 많이 허물어졌다. 공대 여학생이 화장실을 가기 위해 다른 건물로 뛰어갈 일도 없고, 공중화장실마다 유독 여자 화장실만 길게 줄지어 선 모습도 보기 드물다. 백화점에는 여성을 위한 쇼핑 공간이 더 넓어졌고 쾌적한 여성 전용 파우더룸도 있다. 주방은 주부만 일하는 곳이 아니라 가족 모두의 공간이 되었으며 각종 가전제품은 가사노동을 덜어준다.

　그야말로 격세지감이다. 그러나 여성에 대한 벽과 천장은 여전히 존재한다. 차이가 있다면 예전에는 두꺼운 콘크리트처럼 실체가 보였지만, 지금은 투명한 유리처럼 실체가 잘 안 보인다는 것. 그래서인지 여성이 장벽을 돌파하는 방식도 달라졌다. 과거 여성들이 스스로 남성화하여 전투력을 높였다면, 요즘은 여성성을 부정하지 않고 '나답게'를 외치며 연대한다. 이에 대한 반발도 만만치 않다. 그러나 진보는 언제나 반동을 동반하기 마련이고, 이 모든 것은 변화의 과정이다. 하루아침에 뒤집어지는 혁명보다 더 어려운 것이 끈질기게 물고 늘어지는 일상을 바꾸는 것이다. 그래서 변화는 오랜 시간과 인내를 필요로 한다.

　오래전 어느 날, 선배의 손에 이끌려 일본 대사관 앞으로 간 적이 있다. 일본군 위안부 할머니 몇 분과 여성 단체 회원, 대학교 총여학생회에서 나온 여학생들이 모여 조촐하게 집회를 하고 있었다. 행인들은 힐끔힐끔 싸늘하게 쳐다보며 바쁘게 지나갔다. 일본군 위안부 피해자 신고마저 쉽지 않던 때였다. 한평생 가슴속에 묻어둔 이야기를 털어놓으면 가족부터 남사스럽다며 말렸고, 막상 신고하러 가면 담당자에게 자식보기 부끄럽지 않느냐는 핀잔을 들었다고 했다. 분명 피해자인데 발설하기엔 망측하고 수치스러운 이야기로 치부되었다. 경악하는 사람은 많아도 공감하거나 동참하는 사람은 적었다.

그런데 지금은 누구나 자발적으로 참여하는 수요집회가 되었다. 나이 지긋한 남성부터 어린 남녀 학생까지 남녀노소 모두가 환하고 당당하게 외친다. 일본군 위안부 문제는 특정한 여성 문제가 아니라 역사의 진실이고 인권이며 인간 존엄의 문제라고. 비마저 추적추적 내려 몹시도 쓸쓸하고 서글펐던 수요집회를 기억하는 나로서는 눈물겨운 장면이다. 1992년부터 수요집회가 열렸으니 벌써 28년이 다 되어 간다. 그 세월 동안 일본군 위안부 할머니들과 활동가들이 포기했다면 오늘날 '너도 변하고 나도 변하고 그래서 우리 모두가 변하는' 인식의 변화를 이루었을까. 28년 동안 한결같이 수요집회 장소를 지키지 않았다면 다른 어느 곳도 아닌 일본대사관 앞 거리가 일본군 위안부 피해자를 인권 운동가로 거듭나게 한 상징적인 공간이 될 수 있었을까.

변화를 원한다면 설령 잠시 멈추더라도 포기는 하지 말자. 내가 지나온 삶을 뒤돌아봐도 부끄러웠던 순간은 실패했던 순간이 아니라 포기했던 순간이다. 덜 불안한 포기보다 많이 불안한 도전이 그나마 나의 자존감을 지켜주었다. 자존감이 살아 있으면 희망을 놓치지 않게 된다. 하루하루 포기하지 않으면 한 달을 포기하지 않게 되고 그리하여 일 년, 십 년…

그렇게 포기하지 않는 삶이 된다. 그런데도 실패하면? 인생이란 원래 숱한 실패로 이루어진 것이 아닌가. 한평생을 놓고 보면 성공과 실패의 모습도 애매한 경우가 많다. 중요한 것은 실패 그 자체가 아니라 실패의 의미와 '그럼에도 불구하고' 포기하지 않는 자세가 아닐까.

이 책에 등장하는 여성들도 '그럼에도 불구하고'의 의지로 자신의 길을 걸어갔다. 그 전에 그들에게 척박한 현실에 눈을 뜨게 하고 정체성을 끄집어낸 특별한 장소와 인연이 있었다. 그랬기에 세상과 연결된 '여성'으로서 '자신'이 될 수 있었다. 사실 따지고 보면 여성 문제가 어디 여성만의 문제일까. 장애우, 어린이, 노인 등 사회적 약자와 불평등의 문제이고 더 나아가 남성 문제이기도 하다. 결국은 너나 차별 없이 서로 존중하며 인간답게 살자는 문제가 아닌가.

미주

1 서약서의 내용은 《동아일보》 1936년 5월 21일의 기사 "조선여자교육 반세기사 2"에서 인용했다. 꽃님이라는 이름은 2008년 이화여대에서 출판한 『스크랜턴』에서 따왔다.

2 이덕주, 『스크랜턴』, 공옥출판사, 2014, 135쪽.

3 이화학당 한옥교사에 관한 글은 다음 자료를 참고하였다. 강선혜, 문윤숙, 윤재신, 「정동 이화학당 한옥교사의 복원에 관한 연구」, 『대한건축학회논문집 계획계』, 제21권 10호, 2005, 김갑득, 「구한말 정동 외인 주거지와 건축에 관한 연구」, 부산대학교 건축공학과 박사논문, 2003.

4 이배용, 이현진, 『스크랜턴』, 이화여대출판부, 2008, 81쪽.

5 이만열, 『한국기독교의료사』, 아카넷, 2003, 54~55쪽.

6 이덕주, 앞의 책, 168쪽.

7 〈보구여관 130주년 기념 심포지엄〉, 이화여대 유튜브 채널, 링크: https://www.youtube.com/watch?v=v0WbHN6uovw

8 박정희, 『닥터 로제타 홀』, 다산초당, 2015, 161쪽, 이방원, 「보구여관 설립과 활동」, 『의사학』, 대한의사학회, 제17권 1호, 2008, 39쪽.

9 이방원, 『박에스더』, 이화여자대학교출판문화원, 2018, 60쪽.

10 박정희, 앞의 책, 228쪽.

11 이만열, 앞의 책, 119~120쪽, 419쪽.

12 박정희, 앞의 책, 449쪽.

13 이방원, 「보구여관 간호원 양성소의 설립과 운영」, 『의사학』, 대한의사학회, 제20권 2호, 2011, 362~367쪽.

14 이만열, 앞의 책, 152~153쪽.

15 이만열, 앞의 책, 415~416쪽.

16 한상권, 『차미리사 평전』, 푸른역사, 2008, 440~441쪽.

17 이덕주, 앞의 책, 237~239쪽, 이만열, 앞의 책, 107쪽.

18 이덕주, 앞의 책, 358~361쪽.

19 정동제일교회역사편찬위원회, 『정동제일교회 125년사』, 정동삼문출판사, 2011, 141쪽.

20 이덕주, 앞의 책, 415~417쪽.

21 이희준, 윤인석, 「한국 개신교 교회건축의 평면형태 변천 연구」, 『건축역사연구』, 제14권 3호, 2005, 134~139쪽.

22 김성은, 「1920~30년대 차미리사의 현실인식과 여자교육활동」, 『중앙사론』 36집, 2012.12, 중앙대 중앙사학연구소, 112쪽.

23 '간호부' 명칭은 1914년 일제가 간호부 규칙을 반포하면서 공식화되어 강제로 사용

되었다. 1951년 국민 의료령이 공포되면서 간호원으로 바뀌었고, 1987년부터 간호 사라는 명칭이 사용되고 있다. 산파 명칭은 1914년 산파 규칙에 의하여 공식화되어 1951년 국민 의료령으로 조산원으로 바뀌었다. 1987년부터는 조산사라는 명칭이 사용되고 있다. 이 글에서는 시대와 문맥에 따라 각 용어를 사용하였다. 이꽃메, 「한신광: 한국 근대의 산파이자 간호부로서의 삶」, 『의사학』, 제15권 2호, 2006, 대한의사학회, 107쪽.

24 연세대학교 간호대학 100년사 편찬위원회, 『연세대학교 간호대학 100년사』, 2008, 53쪽, 64쪽.

25 에비슨과 고든의 일화: 김정동, 『남아있는 역사 사라지는 건축물』, 대원사, 2000, 139~144쪽.

26 김정동, 앞의 책, 144~155쪽.

27 연세대학교 간호대학 100년사 편찬위원회, 앞의 책, 67쪽.

28 신규환, 「근대 병원건축의 공간변화와 성격」, 『역사와 경계』, 97, 부산경남사학회, 2015, 264~266쪽.

29 조선일보사, "여자고학생의 본영 여자고학생 상조회 주장되는 정종명여사", 《조선일보》, 1924.12.19.

30 정종명, 「빈궁, 투쟁, 고독의 반생」, 『삼천리』, 제2호, 1929, 35쪽. 그러나 정종명은 경상북도 경주 태생이라는 설도 있고, 1884년생이라는 설도 있다.

31 연세대학교 간호대학 100년사 편찬위원회, 앞의 책, 68쪽.

32 동아일보사, "돈벌이하는 여자직업탐방기(3)", 《동아일보》, 1928.2.27.

33 김경재, 「옥중생활 로맨스」, 『삼천리』, 제4권 10호, 1932, 38~40쪽.

34 김은주, 『한국의 여기자, 1920~1980』, 커뮤니케이션북스, 2014, 49쪽.

35 조선일보사, "조선일보 창간호, 청계천변 한옥서 찍었다", 《조선일보》, 2006.1.6.

36 강준만, 『한국대중매체사』, 인물과사상사, 2007, 193쪽.

37 조선일보90년사사편찬실, 『조선일보 90년사 상: 1920~1964』, 조선일보사, 2010, 147쪽.

38 김은주, 앞의 책, 2014, 63쪽.

39 동아일보80년사 편찬위원회, 『민족과 더불어 80년: 동아일보 1920-2000』, 동아일보사, 2000, 113쪽.

40 강준만, 앞의 책, 204쪽.

41 강혜경, 「일제하 허정숙의 기자활동」, 『한국민족운동사연구』, 제50권, 한국민족운동사학회, 2007, 104쪽.

42 동아일보사, "새 집이 일다, 이천만 민중의 집", 《동아일보》, 1926.12.11.

43 허정숙, 「울 줄 아는 인형의 여자국, 북미인상기」, 『별건곤』, 제10호, 1927, 75~76쪽.

44 허정숙, 앞의 글, 74쪽.

45 윤지현, 「1920~30년대 서비스직 여성의 노동실태와 사회적 위상」, 『여성과 역사』, 제 10집, 2009, 한국여성사학회, 128~131쪽.

46 김수자, 「1920·1930년대 《신여성》 여성기자의 여성담론 구성방식」, 『한국근현대사 연구』, 제74집, 2015, 한국근현대사학회, 146~150쪽.

47 임형선에 관한 글은 다음 자료를 참고하였다. 임형선 외, 『모던걸, 치장하다』, 국사편 찬위원회, 2008.

48 「미인제조실 참관」, 『삼천리』, 제6권 8호, 1934, 139쪽.

49 루스 베러클러프 저, 김원, 노지승 역, 『여공문학』, 후마니타스, 2017, 47~48쪽.

50 주익종, 『대군의 척후: 일제하의 경성방직과 김성수 김연수』, 푸른역사, 2008, 50~53쪽.

51 루스 베러클러프 저, 앞의 책, 48~49쪽.

52 전경옥 외, 『한국 근현대 여성사 1』, 모티브북, 2011, 95~100쪽.

53 정진성, 「식민지 자본주화 과정에서의 여성노동의 변모」, 『한국여성학』, 제4집, 한국 여성학회, 1988, 55~57쪽.

54 無號亭人, 「乙密臺上의 滯空女, 女流鬪士 姜周龍 會見記」, 『동광』, 제23호, 1931, 40~42쪽.

55 서울대학교 여성연구소, 『경계의 여성들』, 한울아카데미, 2013, 127쪽.

56 서울대학교 여성연구소, 앞의 책, 139쪽.

57 동아일보사, "직업 부녀 신산한 생활과 비통한 경력담", 《동아일보》, 1925.1.1, 신가정, 「고민의 고백: 어느 부인 기자의 일기초」, 『신가정』, 1935, 서울대학교 여성연구소, 앞 의 책, 38쪽에서 재인용.

58 동아일보사, "돈벌이하는 여자직업 탐방기 5", 《동아일보》, 1928.2.29.

59 동아일보사, "朝鮮一의 제사공장, 경성제사주식회사의 근황", 《동아일보》, 1923.04.29, 삼천리사, 「거리의 여학교를 찾아, 섬섬옥수로 짜내는 방직여학교」, 『삼 천리』, 제8권 2호, 1936, 142쪽.

60 이기영 저, 이상경 엮음, 『고향』, 문학과지성사, 2005, 101쪽.

61 이기영 저, 이상경 엮음; 앞의 책, 104~105쪽.

62 강경애 저, 이상경 엮음, 『강경애 전집』, 소명출판, 2002, 367~368쪽. 이하 『강경애 전집』 인용 시 출처는 도서명과 쪽수만 명기한다. 철자와 맞춤법, 띄어쓰기는 『강경애 전집』에 있는 그대로 사용한다.

63 『강경애 전집』, 359~360쪽.

64 『강경애 전집』, 404~407쪽.

65 『강경애 전집』, 356쪽.

66 『강경애 전집』, 361쪽.

67 『강경애 전집』, 362쪽.

68 無號亭人, 「을밀대上의 체공녀 여류투사 강주룡 회견기」, 『동광』, 1931, 40쪽.

참고문헌

신문
《동아일보》,《조선일보》,《매일신보》,《조선중앙일보》,《한겨레》

잡지
・개벽,「여기자군상」,『개벽』, 제4호, 1935.
・김경재,「옥중생활 로맨스」,『삼천리』, 제4권 10호, 1932.
・김정동,「한국 근대건축의 재조명」,『건축사』, 1988.
・백운거사,「행방탐색」,『삼천리』, 제4권 7호, 1932.
・無號亭人,「乙密臺上의 濡空女, 女流鬪士 姜周龍 會見記」,『동광』, 제23호, 1931.
・별건곤,「여자직업안내, 돈 없어서 외국 유학 못가고 취직할 곳은 몇이나 되는가」,『별건
　곤』, 제5호, 1927.
・삼천리,「미인제조실 참관」,『삼천리』, 제6권 8호, 1934.
・삼천리,「오엽주씨의 미용원」,『삼천리』, 제5권 4호, 1933.
・삼천리,「미인제조실 참관, 오엽주씨의 미장실」,『삼천리』, 제6권 8호, 1934.
・서춘,「피폐한 중소상공 원인과 그 대책」,『신동아』, 1932.
・신가정,「고민의 고백: 어느 부인 기자의 일기초」,『신가정』, 1935
・외돗生,「동아 조선 중외 3신문사 여기자 평판기」,『별건곤』, 제24호, 1929.
・정종명,「빈궁, 투쟁, 고독의 반생」,『삼천리』, 제2호, 1929.
・草土,「현대여류사상사들(3); 붉은 연애의 주인공들」,『삼천리』, 제17호, 1931.
・허정숙,「울 줄 아는 인형의 여자국, 북미인상기」,『별건곤』, 제10호, 1927.

논문
・강선혜, 문윤숙, 윤재신,「정동 이화학당 한옥교사의 복원에 관한 연구」,『대한건축학회
　논문집 계획계』, 대한건축학회, 제21권 10호, 2005.
・강이수,「근대 여성의 일과 직업관: 일제하 신문 기사를 중심으로」,『사회와역사』, 한국사
　회사학회, 통권 65집, 2004.
・강이수,「일제하 근대 여성 서비스직의 유형과 실태」,『페미니즘 연구』, 한국여성연구소,
　통권5호, 2005.
・강혜경,「일제하 허정숙의 기자활동」,『한국민족운동사연구』, 제50권, 한국민족운동사

학회, 2007.

· 김갑득, 「구한말 정동 외인 주거지와 건축에 관한 연구」, 부산대학교 건축공학과 박사논문, 2003.

· 김민균, 「우리나라 백화점 파사드 디자인 변화에 대한 연구」, 연세대학교 건축공학과 석사논문, 2010.

· 김성은, 「신여성 하란사의 해외유학과 사회활동」, 『사총』, 제77권, 고려대학교 역사연구소, 2012.

· 김성은, 「1920~30년대 차미리사의 현실인식과 여자교육활동」, 『중앙사론』 제36집, 중앙대학교 중앙사학연구소, 2012.

· 김성은, 「최은희의 한국여성사 서술과 역사인식」, 『한국근현대사연구』, 제77집, 한국근현대사학회, 2016.

· 김수자, 「1920·1930년대 《신여성》 여성기자의 여성담론 구성방식」, 『한국근현대사연구』, 제74집, 한국근현대사학회, 2015.

· 김훈, 「종로2가 상업건축물의 가로변 입면 변화에 관한 연구」, 서울대학교 건축학과 석사논문, 2003.

· 김정동, 「심의석이 세운 독립문과 독립관을 중심으로」, 『한국건축역사학회 추계학술발표논문집』, 한국건축역사학회, 2010.

· 박정애, 「어느 신여성의 경험이 말하는 것: 여기자 송계월」, 『여성과사회』, 제14호, 한국여성연구소, 2002.

· 서선의, 「박길룡 건축의 형태구성 원리와 그 변화에 관한 연구」, 한양대 건축설계학과 석사논문, 2018.

· 서지영, 「여공의 눈으로 본 식민지 도시 풍경」, 『역사문제연구』, 제22호, 역사문제연구소, 2009.

· 신지섭, 「한국근대건축에서 서양인 선교사에 의해 지어진 학교건축의 양식적 특성」, 연세대학교 건축공학과 석사논문, 2006.

· 신규환, 「근대 병원건축의 공간변화와 성격」, 『역사와경계』 제97집, 부산경남사학회, 2015.

· 신규환, 「3·1운동과 세브란스의 독립운동」, 『동방학지』, 제184집, 연세대학교 국학연구원, 2018.

· 신영숙, 「일제시기 여성운동가의 삶과 그 특성 연구: 조신성과 허정숙을 중심으로」, 『역사학보』, 제150집, 역사학회, 1996.

· 오인욱, 「한국 근대백화점 실내공간의 표현 특성에 관한 연구」, 『한국실내디자인학회논문집』, 제16권 2호, 한국실내디자인학회, 2007.

· 오진석, 「일제하 박흥식의 기업가활동과 경영이념」, 『동방학지』, 제118권, 연세대국학연

구원, 2002.
- 박언곤, 우대성,「한국의 근대건축의 기수 심의석에 관한 연구」,『대한건축학회 추계학술 발표논문집(계획계)』, 제16권 2호, 대한건축학회, 1996.
- 윤선자,「한말 朴에스더의 미국 유학과 의료 활동」,『여성과 역사』, 제20권 20호, 한국여 성사학회, 2014.
- 윤지현,「1920~30년대 서비스직 여성의 노동실태와 사회적 위상」,『여성과 역사』, 제10 집, 한국여성사학회, 2009.
- 이꽃메,「일제강점기 산파 정종명의 삶과 대중운동」,『의사학』, 제21권 3호, 대한의사학 회, 2012.
- 이꽃메,「한신광: 한국 근대의 산파이자 간호부로서의 삶」,『의사학』, 제15권 2호, 대한 의사학회, 2006.
- 이방원,「박에스더(1877~1910)의 생애와 의료선교활동」,『의사학』, 제16권 2호, 대한 의사학회, 2007.
- 이방원,「보구여관 간호원양성소의 설립과 운영」,『의사학』, 제20권 2호, 대한의사학회, 2011.
- 이방원,「보구여관 설립과 활동」,『의사학』, 제17권 4호, 대한의사학회, 2008.
- 윤인석, 이희준,「한국 개신교 교회건축의 평면형태 변천 연구」,『건축역사연구』, 제14권 3호, 한국건축역사학회, 2005.
- 정진성,「식민지 자본주화 과정에서의 여성노동의 변모」,『한국여성학』, 제4집, 한국여성 학회, 1988.
- 한규무,「상동청년학원 연구(1904~1913)」,『서강인문논총』, 제42집, 서강대학교 인문 과학연구소, 2015.
- 한동관 외,「한국 근대 의료 건축물에 관한 연구」,『의사학』, 제20권 2호, 대한의사학회, 2011.

단행본
- 강준만,『한국 근대사 산책 2』, 인물과사상사, 2007.
- 강준만,『한국 근대사 산책 4』, 인물과사상사, 2007.
- 강준만,『한국 대중매체사』, 인물과사상사, 2007.
- 김경일,『여성의 근대, 근대의 여성』, 푸른역사, 2004.
- 김경일 외,『한국 근대 여성 63인의 초상』, 한국학중앙연구원 출판부, 2015.
- 김병도, 주영혁,『한국 백화점 역사』, 서울대학교 출판부, 2006,
- 김은주,『한국의 여기자, 1920~1980』, 커뮤니케이션북스, 2014.

· 김정동, 『고종황제가 사랑한 정동과 덕수궁』, 발언, 2004.
· 김정동, 『남아있는 역사 사라지는 건축물』, 대원사, 2000.
· 김정신, 『한국의 교회건축』, 미세움, 2012.
· 김진송, 『서울에 딴스홀을 허하라』, 현실문화, 1999.
· 동아일보80년사 편찬위원회 편, 『민족과 더불어 80년: 동아일보 1920-2000』, 동아일보사, 2000.
· 루스 베러클러프, 『여공문학』, 후마니타스, 2017.
· 민숙현, 『한가람 봄바람에: 이화100년 야사』, 지인사, 1981.
· 박서련, 『체공녀 강주룡』, 한겨레출판, 2018.
· 박정희, 『닥터 로제타 홀』, 다산초당, 2015.
· 릴리어스 호턴 언더우드, 『언더우드 부인의 조선 견문록』, 이숲, 2008.
· 릴리어스 호턴 언더우드, 『언더우드』, IVP, 2015.
· 서울대학교 병원 병원역사문화센터, 『한국 근현대 의료문화사 1879~1960』, 웅진지식하우스, 2009.
· 송길섭, 한국명, 『상동교회백년사』, 1988.
· 박윤재, 신규환, 『제중원 세브란스 이야기』, 역사공간, 2015.
· 심훈, 『상록수』, 현대문학, 2010.
· 역사문제연구소, 『인물로 보는 친일파 역사』, 역사비평사, 1993.
· 역사학연구소, 『함께 보는 한국근현대사』, 서해문집, 2004.
· 연세대학교 간호대학 100년사 편찬위원회, 『연세대학교 간호대학 100년사』, 연세대학교 간호대학, 2008.
· 연세의료원 120년 기념 화보집 편찬위원회, 『사진으로 본 한국 근대의학 120년』, 청년의사, 2007.
· 오인환, 『경성을 누비다』, 한국학술정보, 2018.
· 윌리엄 그리피스 저, 이만열 역, 『아펜젤러』, IVP, 2015.
· 이기영 저, 이상경 엮음, 『고향』, 문학과지성사, 2005.
· 이꽃메, 『한국근대간호사』, 한울아카데미, 2008.
· 이대학보사, 『이대학보 사진으로 보는 이화의 과거와 현재, 그리고 미래』, 이화여자대학교 이대학보사, 2005.
· 이덕주, 『스크랜턴』, 공옥출판사, 2014.
· 이만열, 『한국기독교의료사』, 아카넷, 2003.
· 이방원, 『박에스더』, 이화여자대학교출판문화원, 2018.
· 이배용, 이현진, 『스크랜튼』, 이화여자대학교출판문화원, 2008.
· 이상경 엮음, 『강경애 전집』, 소명출판, 2002.

- 강인순, 이옥지, 『한국여성노동자운동사 1』, 2001.
- 임형선 외, 『모던걸, 치장하다』, 국사편찬위원회, 2008.
- 전경옥 외, 『한국 근현대 여성사 1』, 모티브북, 2011.
- 정동제일교회역사편찬위원회, 『사진으로 보는 정동제일교회 120년』, 정동삼문출판사, 2007.
- 정동제일교회역사편찬위원회, 『정동제일교회 125년사』, 정동삼문출판사, 2011.
- 서울대학교 여성연구소, 『경계의 여성들』, 한울아카데미, 2013.
- 정충량, 『이화80년사』, 이대출판사, 1968.
- 조선일보90년사사편찬실, 『조선일보 90년사상: 1920~1964』, 조선일보사, 2010.
- 주익종, 『대군의 척후』, 푸른역사, 2008.
- 최은희, 『여성을 넘어 아낙의 너울을 벗고』, 문이재, 2003.
- 한국건설산업연구원, 『한국건설통사』, 대한건설협회, 2017.
- 한국미술연구소 한국근대시각문화연구팀, 『모던 경성의 시각문화와 관중』, 한국미술연구소CAS, 2018.
- 한상권, 『차미리사 평전』, 푸른역사, 2008.
- 99건축문화의해조직위원회, 『한국건축 100년』, 피아, 1999.

기타

- 〈보구여관 130주년 기념 심포지엄〉, 이화여대 유튜브 채널, 링크: https://www.yo호 tube.com/watch?v=v0WbHN6uovw
- 국가보훈처, 「조신성 선생의 생애와 독립운동」, 『2000년』, 통권 310호, 현대사회문화연 구소, 2009.
- 이덕주, 「전덕기 목사의 생애 재구성」, 『한국기독교역사연구소소식』, 제33호, 한국기독 교역사연구소, 1998.
- 이애숙, 「정종명의 삶과 투쟁」, 『한국여성연구소 기타간행물』, 한국여성연구소, 1989.
- 한국사데이터베이스 http://db.history.go.kr/

미치지도 죽지도 않았다
파란만장, 근대 여성의 삶을 바꾼 공간

1판 1쇄 발행 | 2019년 12월 10일
1판 2쇄 발행 | 2020년 8월 10일

지은이 김소연

펴낸이 송영만
디자인 자문 최웅림

펴낸곳 효형출판
출판등록 1994년 9월 16일 제406-2003-031호
주소 10881 경기도 파주시 회동길 125-11(파주출판도시)
전자우편 info@hyohyung.co.kr
홈페이지 www.hyohyung.co.kr
전화 031 955 7600 | 팩스 031 955 7610

ⓒ 김소연, 2019
ISBN 978-89-5872-168-0 03330

이 책에 실린 글과 사진은 효형출판의 허락 없이 옮겨 쓸 수 없습니다.

값 13,500원

이 도서의 국립중앙도서관 출판예정도서목록(CIP)은 서지정보유통지원시스템 홈페이지
(http://seoji.nl.go.kr)와 국가자료공동목록시스템(http://www.nl.go.kr/kolisnet)에서
이용하실 수 있습니다.(CIP제어번호: CIP2019048129)